잘 파는 가게는
**감각을 판다**

## 잘 파는 가게는 감각을 판다

**초판 1쇄 발행**  2025년 12월 15일

**지은이**  박준승
**발행인**  강재영
**발행처**  애플씨드

**기획**  이승욱
**편집**  장원정
**디자인**  육일구디자인
**마케팅**  이인철
**CTP출력/인쇄/제본**  (주)성신미디어

**출판사 등록일**  2021년 8월 31일 제2022-000065호

**이메일**  appleseedbook@naver.com
**블로그**  https://blog.naver.com/appleseed__
**페이스북**  https://www.facebook.com/AppleSeedBook
**인스타그램**  https://www.instagram.com/appleseed_book/

**ISBN** 979-11-24121-03-0  03320

이 책에 실린 내용, 디자인, 이미지, 편집 구성의 저작권은 애플씨드와 지은이에게 있습니다.
따라서 저작권자의 허락 없이 임의로 복제하거나 다른 매체에 실을 수 없습니다.

애플씨드에서는 '성장과 성공의 소중한 씨앗'이 될 수 있는 원고를 기다립니다.
appleseedbook@naver.com

# 잘 파는 가게는

월 매출 2억, 작은 가게 LOGI의 브랜딩 시크릿 노트

*Beyond Products: The Art of Selling Sensibility*

박준승 지음

애플씨드
APPLE S.E.E.D

# 감각을 판다

프롤로그

# 포기하지 않는 자에게
# 불황이란 없다


### 흑백요리사의 1호 탈락자가 되다

"시크릿 코스님은 여기까지인 것 같습니다."

안성재 셰프의 심장을 도려내는 듯한 날카로운 피드백에 숨이 멎는 듯했다. 오랫동안 기대해왔던 TV 출연은 이렇게 끝을 맞이하고 말았다.

나는 의도한 대로 요리를 완성해 낼 수 없었다. 탈락을 인정해야 했다.

새벽 3시, 촬영이 끝나고 집으로 돌아가는 차의 핸들을 잡았지만 머릿속은 혼란스럽기만 했다. '이제 어떻게 하지? TV에 나온다고 부모님한테도 이야기해 놨는데, 무슨 낯으로 봐야 하나. 수많은 시청자들이 볼 텐데, 우리 가게 손님들에게 뭐라고 해야 하는 걸까.'

TV 출연은 분명 엄청난 기회였다. 그런데 방금 내게 일어난 일을 어떻게 받아들일지 갈피를 잡을 수 없었다. 이대로 가다가는 방송에 나온 것을 후회하게 될 것만 같았다.

수많은 경쟁을 뚫고 우수한 셰프로 뽑혀서 출연한 방송이었다. 그것이 영광이 아닌 굴욕적인 경험이 되게 할 수는 없었다. 나는 이 실패를 실패로 만들지 않아야 했다. 상황을 역전시키겠다고 결심했다.

**내 뜻대로 되지 않는 인생, 대비를 해야 한다**

그리 오랜 삶을 살지는 않았지만 살면서 깨달은 것이 있다. 인생은 내가 계획한 대로 되지 않는다는 것이다. 레스토랑 로기를 시작한 해에 이태원 참사가 터졌다. 예약은 줄줄이 취소되었다. 레스토랑 확장 공사를 하면서 인테리어 업체에게 사기를 당했다. 거의 1억 원 가까운 손해를 봤다. 흑백요리사에 출연했지만 본격적으로 실력을 보여주기도 전에 가장 먼저 탈락했다. 예상치 못한 곳에서 난관이 발생했고, 삶은 내 뜻대로 흘러가지 않았다.

가게에 돌아와 며칠을 골똘히 생각했다. 사람들이 실패한 요리사에게 기대하는 것은 무엇일까? 나는 1호 탈락자로 각인된 것을 역으로 이용하기로 했다. 1호 탈락자는 다르게 생각하면 사람들이 방문할 수 있는 1호 식당의 셰프였다. 나는 방문할 손님들의 호기심과 낮은 기대감을 놀라움으로 채우겠다고 생각했다. 그때부터 월요일은 문을 닫고 안성재 셰프가 혹평했던 방어 세비체를 개선하기 위해 연구했다. 훈연 시간을 1시간에서 3시간으로 늘리거나, 방어를 납작한 편으로 썰지 않고 주사위처럼 스몰 다이스 형태로 바꾸는 등 실험을 거듭하고, 과일을 딸기에서 참외, 파인애플로 바꾸며 총 10번의 업그레이드를 진행했다. 그래서 흑백요리사가 방영될 무렵 완전히 색다른 방어 세비체를 탄생시켰다.

흑백요리사는 넷플릭스를 타고 전 세계로 방영이 되면서 기대 이상의 반응을 얻었다. 사람들은 만나기만 하면 흑백요리사 이야기를 했고, 각종 기사에 닌자처럼 눈을 가리고 음식을 받아먹는 심사위원의 얼굴이 도배되었다. 만반의 준비를 하고 파도가 오기를 기다렸다. 예상했던 대로, 사람들은 1호 탈락자의 음식이 어떤 것인지 궁금해서 방문하기 시작했다. 나는 새롭게 준비한 메뉴를 내놓았다. 사람들은 실패를 인정하고 더 노력하는 모습을 응원해주었다. 로기는 실패를 역이용하여 분위기를 반전시키는 데 성공했다.

일 년이 지난 지금 로기는 월 최대 매출 2억 원에 캐치테이블 Top 100 선정, 로에베LOEWE를 비롯한 각종 프리미엄 브랜드에 케이터링을 제공하는 브랜드로 성장했다. 그리고 셰프로서는 한국 최초이자 한국 유일의 모엣 샹동 타임키퍼(글로벌 홍보대사), 풀무원 밀키트 제작, 그리고 편의점에 아이스크림 밀키트를 납품하는 성과를 이루었다.

누군가는 운이라고, 누군가는 방송 효과라고 할 것이다. 하지만 그동안 내가 흘린 땀이 없었다면 방송에 출연할 기회조차 얻지 못했을 것이다. 나는 난관을 만났지만 포기하지 않고 '되는 방법'을 찾고자 노력했다. 많은 사람들이 한두 번의 실패로 좌절하고 다시 일어나지 못하는 것을 본다. 하지만 나는 어떤 상황에서도 문제를 극복할 수 있는 방법은 있다고 생각한다. 결국 가게도 인생도 누가 끝까지 포기하지 않는지, 어떻게 대비했는지에 따라 다르지 않을까.

흑백요리사 탈락은 대비할 수 없었지만, 요리를 보완하고 사람들에게 더 개선된 음식을 제공해서 신뢰를 회복하는 것은 내가 할 수 있는 것이었다. 내가 할 수 있는 것과 그렇지 못한 것을 구분하고, 내가 할 수 있는 것으로 최대한 대비하는 것은 너무나 중요하다.

한국의 음식점 생존률은 매우 낮다. 지금도 많은 초보 사장들이 부푼 꿈을 안고 가게 문을 열지만, 현실은 생각과 달라 하루하루 생존을 고민하게 된다. 마케팅 비용이 매출의 절반을 넘겨 실질적 적자를 보는 가게, 광고를 하면 반짝 손님은 오지만 단골이 없어 매번 리뷰 협찬에 의존하는 가게, 자리를 잡는 듯하다가 비슷한 가게가 주변에 생기며 어려움을 겪는 가게가 부지기수이다. 그리고 요리학교를 갓 졸업한 친구들도 창업의 현실을 접하며 망설이기 시작한다. 어디서부터 어떻게 해야 할지 막막할 것이다. 내가 겪었던 다양한 난관들이 수많은 사장님과 수많은 창업 예비자들에게도 닥칠 것이다. 하지만 내가 난관을 헤치며 앞으로 나아갔다면 다른 사람들도 헤쳐 나갈 수 있을 것이다. 나의 경험을 다른 사람들과 공유하면 조금은 도움이 되지 않을까 싶었다.

이 책을 통해 가게를 오픈하는 초보 사장들이 직면하는 다양한 문제들을 보이고 이 문제를 해결한 나만의 노하우를 소개하고자 한다. 실제 창업 컨설팅에서 다루었던 내용을 담은 만큼 구체적이고 현실적인 조언이 될 것이라 생각한다.

**차례**

프롤로그 포기하지 않는 자에게 불황이란 없다 · 5

## 1장 창업자의 감각이 레스토랑의 색깔을 만든다
1. 어떤 포지션을 취할 것인가 · 15
2. 가게에도 스토리를 입히자 · 21
3. 색으로 감각을 입혀라 · 26

## 2장 아무도 알려주지 않는 첫 매장 설계 노하우
4. 입지는 어떻게 골라야 할까? · 37
5. 매출을 설계하는 공간 선택 · 43
6. '공간'을 '가게'로 바꾸는 데 필요한 모든 것 · 49
7. 아주 작은 것에서 시작하는 차별화 · 57

## 3장 최소 비용으로 최대 효과를 내는 레스토랑 마케팅 전략
8. 정식 오픈 전 마케팅: 준비 단계부터 시작하는 브랜드 구축 · 71
9. 운영 마케팅: 광고를 하되 광고에 의존하지 않는 법 · 79
10. 마케팅은 숫자가 전부다 · 84
11. 마케팅에도 레버리지가 필요하다 · 91

## 4장 다시 찾아오고 싶은 레스토랑은 이렇게 만들어진다

12. 단점투성이의 작은 매장을 살리는 방법 · **101**
13. 오픈하자마자 3개월치 예약이 밀리는 가게가 될 수 있었던 비법 · **105**
14. 매출보다 손님의 만족도가 우선이다 · **108**

## 5장 혼자 힘으로 성공할 수 있는 사람은 아무도 없다

15. 사람 관계는 나뭇가지처럼 뻗어나간다 · **117**
16. 권한 위임은 경영의 핵심이다 · **123**

## 6장 요즘 레스토랑 사장은 매장에만 있어서는 안 된다

17. 사장도 브랜드의 일부이다 · **131**
18. 레스토랑 밖에서 수익을 만들 요소들을 찾아야 한다 · **136**

## 7장 보이지 않는 곳에서 흘린 땀은 언젠가 빛을 발휘한다

19. 나는 이력서를 내서 취업한 적이 한 번도 없다 · **145**
20. 최고의 직원은 사장의 고민을 덜어준다 · **151**
21. 나는 레고 블록처럼 사장으로서 필요한 능력치를 쌓아나갔다 · **156**

**에필로그** 결국 마인드셋이 모든 것을 좌우한다 · **164**

1장

# 창업자의 감각이
# 레스토랑의 색깔을 만든다

## 1. 어떤 포지션을 취할 것인가

 창업을 고민할 때 가장 먼저 떠오르는 질문은 두 가지다. "무슨 아이템으로 할까?" 그리고 "어떤 컨셉으로 해야 할까?"이다. 이 두 가지는 떼려야 뗄 수 없는 관계지만, 접근 방식은 조금 다를 수 있다. 나는 아이템부터 정했다. 그리고 그것을 어떻게 나만의 방식으로 풀어낼지, 즉 컨셉을 어떻게 입힐지 전략적으로 고민했다.
 레스토랑의 컨셉은 당신의 브랜드 정체성이자 시장에서 위치를 결정하는 요소이다. 그러니까 차별화된 컨셉은 단순한 장식이 아닌 생존 전략인 것이다.

**1) 아이템 선택: 지속 가능한 브랜드의 시작은 '진심'에서 나온다**

아이템 선정에는 다양한 기준이 있다. 1인당 소비 금액으로 접근할 수도 있고, 상권을 중심으로 분석할 수도 있으며, 트렌드를 반영해볼 수도 있다. 하지만 나는 가장 먼저 '내가 진심으로 좋아하는 것'을 기준으로 삼았다. 창업이라는 긴 여정을 버티게 해주는 건 결국 '내 안의 에너지'이다. 좋아하지 않으면, 결국 지친다.

로기를 오픈할 당시, 숯을 사용하는 레스토랑은 있었지만 서울에서 '우드 파이어Wood Fire'를 전면에 내세운 레스토랑은 거의 없었다. 우드 파이어를 컨셉으로 하는 레스토랑은 푸에고 정도였다.

과거 미슐랭 레스토랑에서 고가의 장비들― 오븐, 수비드 머신, 써머믹스, 분자요리 장비 등― 을 다뤄본 적이 있다. 그런데 이상하게도 어느 순간부터 그런 정교한 조리보다 '불'이라는 원초적 재료가 더 흥미롭게 느껴졌다. 숯과 장작불은 살아있다. 불꽃의 세기, 온도, 바람, 재의 농도에 따라 조리가 달라진다. 매 순간 개입이 필요하고, 그래서 더 손맛이 살아나는 조리 방식이었다.

나는 이 방식이 좋았다. 원초적인 이 느낌을 손님들에게도 전하고 싶었다. 내가 좋아하는 것이라면 힘들어도 버틸 수 있고, 지치지 않고 계속할 수 있다는 것이 이 아이템을 선택한 가장 큰 이유였다.

물론, 좋아한다고 해서 수익성을 유지할 수 있는 것은 아니다. 하고 싶은 것을 정했다면 이것에 대한 수요가 있는 곳에서 장사를 해야 한다. 그렇지 않으면 사업이 아니라 취미생활을 하는 것이 될 수도 있으니 말이다.

우드 파이어라는 큰 개념을 잡은 후, 세부적인 조리법을 탐구했다. 직접 훈연은 식재료가 불과 직접 접촉하며 조리하는 방식이고, 간접 훈연은 불의 열기와 연기만으로 조리하는 방식이다. 또한 다양한 나무―사과나무, 벚나무, 참나무 등―마다 다른 향과 열량을 낸다는 것을 발견했다. 이런 세분화를 통해 나는 한국 식재료에 가장 잘 어울리는 조합을 찾아갔다. 제주 생선에는 벚나무의 부드러운 향이, 한우에는 참나무의 강렬한 향이 잘 어울렸다.

컨셉을 구체화하는 과정에서 이런 세부적인 요소들을 탐구하는 것은 필수적이다. 이것이 당신만의 독특한 강점이 되고, 손님들이 당신의 레스토랑을 기억하는 이유가 된다.

### 2) 컨셉 설정: 모호함을 넘어 '문제 해결'로

'컨셉'이라는 단어는 추상적이고 모호하다. 아는 사람끼리는 "그 느낌 있지~." 하고 말하지만, 막상 시작하려는 사람 입장에서는 너무 어려운 말이다. 그래서 나는 이렇게 정의한다. 컨셉은 '그 공간에서 어떤 문제를 해결해주는가?'라는 질문에서 출발해야 한다고.

로기는 서울 한복판, 한남동에 있다. 나는 여기를 '도심 속 캠핑장' 같은 공간으로 정의했다. 사람들은 캠핑을 좋아하지만, 실제로 캠핑을 갔다 오려면 너무 많은 시간과 에너지가 든다. 차를 타고 강원도까지 가서 텐트를 펴고 고기를 굽고 다시 철수해서 돌아오려면, 시간적 여유도 있어야 하지만 체력적인 여유도 있어야 한다. 한남동에서 바쁘게 일상을 살아가는 사람들 중에서는 이런 여유를 누리기 어려운 사람들도 많았다. 그래서 '불편함'을 서울에서 해결해주겠다고 결심했다. 그것이 로기였다.

직화로 고기를 굽고, 불의 향이 밴 채소를 올리고, 장작의 향을 담은 음식을 누군가 대신 요리해주는 캠핑 같은 저녁. 이 경험을 만들겠다는 것이 바로 로기의 컨셉이었다.

이 경험은 오프라인 매장 안에서만 끝나지 않았다. 고객들이 집에서도 이 경험을 하고 싶어했고, 그래서 케이터링 서비스로 확장했다. 한남동의 한남더힐, 나인원 등 고급주거지에서 방문 요리를 진행하면서, 강원도 캠핑장까지 가지 않더라도 집에서 바베큐 캠핑 요리를 즐길 수 있게 해드렸다. 그 덕분에 로기는 오프라인 매출 + 케이터링 외부 매출이라는 2개의 파이프라인을 구축할 수 있었고, 레스토랑이라는 한정된 공간에서 낼 수 있는 최대 매출을 뛰어 넘게 되었다.

### 3) 포지셔닝: 그 지역, 더 나아가 우리나라에서 위치

컨셉과 아이템을 정했다면, 그다음은 포지셔닝이다. 사람들의 마음속에 나는 어떤 위치로 자리 잡을 것인가? 포지셔닝은 당신의 레스토랑이 시장에서 어떻게 인식되길 원하는지에 관한 것이다.

컨셉을 생각했을 때 처음부터 한국을 방문하는 외국인들이 찾고 싶어하는 식당을 만들고자 했다. 왜냐하면 서울 한복판이라는 입지상, 내

고객은 단순한 로컬 주민만이 아니기 때문이다. 한국관광 데이터랩에 따르면, 2023~2024년 방한 외국인 수는 2,740만 명 이상이었다. 이들은 여행지에서 특별한 경험을 원하고, 돈도 많이 쓴다. 그들에게 서울의 로컬 식문화에 기반한 불 요리는 그 자체로 여행의 목적이 될 수 있었다.

나는 해외에서 성공한 우드 파이어 레스토랑들을 분석했다. 호주의 파이어도어Firedoor, 스페인의 엣체바리Etxebarri, 싱가폴의 번트 엔드Burnt Ends 등등. 이들은 모두 자국의 식재료를 써서 우드 파이어라는 방식으로 조리하였다. 나는 이렇게 생각했다. '한국적 식재료에 우드 파이어를 적용하면, 기존의 우드 파이어를 좋아하는 외국인도 로기에 오고 싶어하지 않을까?'

그 결과, 로기는 다른 곳에서 보기 힘든 한국의 제철 식재료, 농부와 직접 거래한 식재료를 불로 조리하는 곳으로 포지셔닝하였다. 그리하여 국내 고객은 물론, 해외 고객들까지 타깃으로 삼을 수 있었다.

**컨셉은 철학이 아니라 생존 전략이다**

많은 이들이 브랜드라고 하면 철학에만 집중한다. 하지만 컨셉과 포지셔닝은 결국 살아남기 위한 전략이다. 내가 좋아하는 것, 고객의 불편을 해결해줄 수 있는 방식, 그리고 그 지역에서 필요한 존재가 되는 법. 이 세 가지가 어우러져야 오래가는 브랜드가 된다.

요즘 레스토랑 업계에서 생존하기 위해서는 차별화된 경험을 제공해야 한다. 신규 레스토랑의 절반 이상이 첫 해를 넘기지 못하는 것이 현실이다. 생존한 레스토랑들의 공통점은 명확한 컨셉과 포지셔닝을 갖추고, 그것을 일관되게 실행했다는 점이다.

로기라는 브랜드는 그렇게 시작되었다. 그리고 지금도 그 컨셉과 포지셔닝을 바탕으로 지속적인 성장을 이어가고 있다. 당신도 레스토랑을 시작하려 한다면, 단순히 맛있는 음식을 넘어, 강력한 컨셉과 명확한 포지셔닝으로 당신만의 색깔을 만들어 가길 바란다.

## 2. 가게에도 스토리를 입히자

**1) 멋진 이름보다 기억에 남는 이름을 만들자**

요즘은 국밥집도 스토리텔링을 하는 시대다. 공장에서 찍어내는 제품이 아닌 이상, 가게마다 스토리가 있어야 한다. 특히 객단가가 높은 가게일수록 스토리가 있어야 한다. 스토리텔링이 효과적인 레스토랑은 그렇지 않은 레스토랑보다 일반적으로 더 높은 객단가를 기록한다고 한다.

사람들은 '차별화된 경험'을 원한다. 차별화는 단순히 메뉴나 인테리어만으로는 부족하다. 그 위에 '이야기'가 더해져야 진짜 기억에 남는 브랜드가 된다. 실제로 강력한 스토리를 가진 음식점은 고객 재방문율이 높다.

미식가들의 성지로 꼽히는 뉴욕의 일레븐 매디슨 파크Eleven Madison Park가 좋은 사례이다. 셰프 다니엘 흄이 자신의 어린 시절 뉴욕 추억을 메뉴에 담아내면서, 단순한 미슐랭 레스토랑이 아닌 '뉴욕의 이야기꾼'으로 자리매김했다. 서울의 정식당 역시 한국의 제철 식재료에 담긴 이야기를 통해 글로벌 미식가들의 필수 방문 코스가 되었다.

나는 우드 파이어라는 컨셉을 먼저 정하고, 그에 어울리는 이름을 고민했다. 그 과정에서 '스토리를 품은 이름'을 만들고자 했다. ○○불고기집, ○○장작구이 같은 직관적인 이름보다 그 자체로 이야기가 되는 이름을 원했다.

이름을 지을 때 나만의 기준이 있다. 첫째 세 글자 이하일 것(외우기 쉽다), 둘째 받침이 없을 것(부르기 쉽다), 셋째 내가 판매하는 제품과 연관되는 스토리가 녹아들 것.

이 기준은 한국 외식업계의 성공한 브랜드 이름을 분석한 결과이다. 봉피양, 진진, 온지음, 정식당 같은 유명 레스토랑들의 이름은 대부분 짧고 발음하기 쉬우면서도 의미가 담겨있다. 소비자들은 발음하기 쉬운 브랜드 이름을 더 쉽게 기억한다.

이런 기준으로 불과 관련된 단어들을 찾다가 북유럽 신화에 등장하는 불의 신 로기Logi를 발견했다. 불을 다루는 정체성과 딱 맞아 떨어졌고, 받침이 없는 두 글자, 게다가 외국인도 기억하기 쉬운 이름이었다

무엇보다 로기는 부르기 쉽고, 기억하기 좋으며, 이야기까지 담긴 이름이었다. 그렇게 지금의 로기가 탄생했다. 실제로 오픈 후 손님들이 가장

많이 물어보는 것 중 하나가 "로기라는 이름이 무슨 뜻인가요?"였다. 이 질문은 자연스럽게 우리의 컨셉과 철학을 설명할 수 있는 기회가 되었다.

## 2) 메뉴에도 스토리를 입혀라

스토리텔링은 이름에서 멈추지 않는다. 메뉴 구성과 설명에도 철학을 담아야 한다. 음식에 스토리가 더해질 때 고객들은 그 음식의 맛을 더 좋게 평가한다.

로기의 테마는 모던 코리안 파이어 다이닝Modern Korean Fire Dining이다. 그래서 우리는 간장, 된장, 고추장 같은 전통 재료를 적극적으로 활용하고, 한국에서 생산되는 제철 재료들에 얽힌 이야기를 손님들에게 직접 전한다.

- 6년 숙성 간장을 사용한 브라운 버터 소스는 단순한 음식 이상의 의미를 갖는다. 나는 실제로 간장을 배우기 위해 5년 전 김광자 명인을 찾아가 직접 장 담그는 과정을 함께 했다. 이런 이야기를 들은 손님들은 단순한 소스가 아닌, 5년의 시간이 담긴 '이야기'를 맛보게 된다.
- 고추장 베이스 요리는 370여 년간 내려온 종가의 전통방식을 고수하는 전통식품 명인 제35호 기순도 명인의 고추장을 사용한다. 이 고추장은 100% 국내산 재료만으로 담근다. 담양산 대나무와 서해안 천일염으로 만든 죽염, 청정지역의 깊이 160m의 우물에서

퍼올린 지하수, 국산 콩과 쌀, 고춧가루를 재료로 쓴다.
- 자연산 명이나물은 울릉도 원주민들만 아는 비밀 장소에서 수확한다. 이 나물을 채취하기 위해서는 가파른 산을 등반해야 하며, 한 해 생산량이 매우 제한적이다. 봄에만 맛볼 수 있는 이 희귀한 식재료의 이야기는 손님들에게 특별한 경험을 선사한다.
- 함양 파는 경남 함안에 거주하는 농부 강호현씨와 직거래한다. 이 파는 겨울 내내 노지에서 얼고 녹기를 반복하는 혹독한 과정을 견디며 깊은 단맛과 진한 풍미를 갖게 된다. 3~5월 봄에 수확하는데, 일반 대파와는 확연히 다른 맛을 가지고 있다.

이런 스토리들은 단순히 '맛있는 음식'을 넘어, 그 음식이 어디서 왔고, 어떤 사람들의 노력으로 만들어졌는지를 전달한다. 이는 식사를 그저 그런 한 끼가 아닌, 문화적 경험으로 격상시킨다.

### 3) 스토리를 알리려면 '번거로움'을 감수하라

이런 이야기들은 그저 말로만 끝나지 않는다. 우리는 식사 전, 로기의 의미와 음식의 스토리를 설명한다. 처음에는 이런 설명이 손님들을 지루하게 할까 걱정했지만, 손님들의 반응은 정반대였다. 손님들은 음식에 담긴 이야기를 듣고 더 깊은 관심을 보였다.

또한, SNS를 적극적으로 활용해 방문한 농원, 만난 장인, 함께한 생산자의 모습을 꾸준히 공유한다. 로기의 인스타그램에는 식재료 생산지 방문기, 장인들과의 만남, 요리 개발 과정 등이 담겨있다. 이런 콘텐츠는 단순한 '맛집' 홍보를 넘어, 우리의 철학과 가치를 전달하는 통로가 된다.

진정성 있는 스토리텔링은 소비자들이 브랜드와 감정적 연결을 형성하게 한다. 실제로 로기를 찾은 고객 중 32%는 SNS를 통해 우리의 스토리를 먼저 접하고 방문했다고 답했다.

이런 '번거로운 노력'들이 쌓여 로기는 단순한 음식점이 아니라 철학이 살아있는 브랜드가 되었다. 스토리텔링은 귀찮고 번거롭지만, 결국 손님의 기억 속에 남는 가장 강력한 무기이다. 스토리텔링의 가치는 숫자로도 증명된다. 소비자들은 강력한 스토리가 있는 브랜드에 더 높은 가격을 지불할 의향이 있다고 한다. 로기의 경우도 마찬가지였다. 우리는 비슷한 카테고리의 레스토랑보다 높은 객단가를 유지하면서도 높은 예약률을 기록했다.

하지만 가장 중요한 것은 스토리텔링이 단순한 마케팅 기법이 아니라, 진정성에서 비롯되어야 한다는 점이다. 과장되거나 거짓된 이야기는 금방 들통나고, 고객의 신뢰를 잃게 만든다. 진짜 당신이 열정을 느끼는 것, 가치 있다고 생각하는 것에서 스토리가 시작되어야 한다.

레스토랑의 이름은 단지 시작일 뿐이다. 그 이름에 담긴 스토리, 메뉴에 녹아든 철학, 공간에 스며든 가치관이 모여 진정한 브랜드가 완성된다. 당신의 레스토랑을 단순한 '밥집'이 아닌, 사람들의 기억에 남는 '이야기가 있는 공간'으로 만들어보라. 그것이 바로 스토리텔링의 힘이다.

# 3. 색으로 감각을 입혀라

**1) 색이 만드는 분위기, 그리고 기억**

　가게를 연다는 건 결국 하나의 세계를 만들어내는 일이다. 그 세계를 가장 빠르게, 그리고 감각적으로 전달하는 도구가 바로 색이다.

　사람은 공간에 들어서는 순간, 냄새나 음악보다 먼저 색을 인식한다. 그 색은 곧 분위기가 되고, 감정이 되며, 기억으로 남는다. 그래서 브랜드를 기획할 때 공간의 색을 고민하는 건 단순한 인테리어를 넘어서는 작업이다. 레스토랑을 방문했던 기억을 떠올릴 때 사람들은 맛보다 공간의 분위기를 먼저 떠올린다. 특히 공간의 컬러 톤은 방문 기억의 가장 핵심적인 요소로 작용한다.

　색은 가장 직관적으로 감정을 전달하는 매개이다. 색은 사람의 기분을 좌우하여 행동과 판단, 머무는 시간까지 영향을 준다. 특히 레스토랑에서 붉은색은 식욕을 자극하고 적당히 긴장감 넘치는 역동적인 분위기를 조성할 뿐 아니라 특유의 강렬한 인상 때문에 테이블 회전을 더 빠르게 한다.

로기에서는 빨강색을 포인트 컬러로 사용하되, 과도하지 않게 포인트가 되는 부분에만 빨강색을 배치하여 고급스러움과 동시에 핫한 분위기를 만들어냈다.

로기에서 가장 눈에 띄는 장식은 천장에 매달려 있는 빨간 레일 조명이다. 무한대 기호 ∞모양으로 꼬아서 걸쳐 놓은 조명인데, 행운이 무한대로 들어온다는 메시지를 담았다. 바에 앉아 와인을 따르면 이 빨강색 조명이 비춰진다. 잔잔한 호수 같은 와인 표면에 별빛이 담긴 듯한 효과를 내어 묘한 감동을 선사한다.

조도가 낮은 검정색 공간에 빨강색을 포인트로 준 것은 옆사람이 취해도 잘 보이지 않게 만든다. 서로의 취한 모습은 자연스럽게 커버가 되면서도 남녀 커플에게는 섹슈얼한 분위기를 만들어준다.

### 2) 나만의 색을 찾는 3단계

색을 고르기 전, 이렇게 질문했다. "나는 이 공간에서 사람들에게 어떤 감정을 전달하고 싶은가?"

그 질문에 대한 답을 찾으면서 브랜드 색상도 자연스럽게 정해졌다.

**색상 설계 3단계**

| 단계 | 질문 | 예시 | 키포인트 |
|---|---|---|---|
| 1단계 | 어떤 분위기를 만들고 싶은가? | 열정, 불, 타오르는, 섹슈얼한 → 원초적인 불의 힘 | 감성 키워드 먼저 |
| 2단계 | 어떤 색이 그 감정을 대표하는가? | 빨강 & 검정 | 색은 2~3가지로 제한 |
| 3단계 | 각각을 어디에, 어떤 비율로 쓸 것인가? | 빨강 30%(포인트) 검정 70%(배경) | 포인트 색상은 절제 필요 |

로기를 기획할 때, 나는 무엇보다 '불'이라는 원소의 강렬함과 원초적인 에너지를 전달하고 싶었다. 그래서 1단계에서는 '열정적이고 강렬하면서도 깊이 있는', '원초적인 불의 힘'과 같은 키워드를 정리했다. 2단계에서는 이러한 감성에 가장 적합한 색으로 불의 색인 빨강과 숯의 색인 검정을 선택했다. 3단계에서는 이 두 색의 비율과 구체적인 적용 방식을 결정했다.

이렇게 선택한 브랜드의 메인 컬러는 빨강과 검정이었다. 숯은 검정색이지만, 달궈지면 빨갛게 빛난다. 그 이미지가 브랜드의 에너지와 잘 어울린다고 느꼈다.

이 색상 조합을 기반으로 핀터레스트에서 수백 장의 인테리어 사진을 찾아봤다. 비슷한 색감의 공간, 유사한 면적의 매장, 조도와 구조가 비슷한 사례들을 모아 디자인팀과 상의하며 각 요소에 어떤 느낌을 담을지 상세하게 논의했다. 그 결과 실제 로기 레스토랑에서는 이 컬러 전략을 다음과 같이 적용할 수 있었다.

- 입구의 첫인상: 절제된 빨강색의 간판으로 시선을 집중시키고, 외부 벽면은 검정색 벽돌로 깊이감을 더했다.
- 오픈 키친: 레스토랑 중심에 장작이 타오르는 화덕을 배치해 자연스럽게 포인트를 만들었다. 불꽃의 빨강색은 어떤 인공 조명보다 강렬한 시각적 경험을 제공한다.
- 테이블과 유니폼: 검은색 테이블과 의자로 공간에 무게감을 더하고, 직원들은 검은색 유니폼에 빨강색 포인트를 착용해 컬러 테마를 확장했다.

### 공간 요소에 적용한 색상

| 공간 요소 | 적용된 색상 | 역할 |
| --- | --- | --- |
| 로고 | 빨강 배경 + 검정 글씨 | 브랜드의 첫 인상 |
| 유니폼 | 검정 조리복 + 빨강 포인트 | 공간과 사람의 통일감 |
| 테이블/식기 | 검정색 와인 버킷과 접시, 컵 | 공간과 테이블 웨어의 통일감 |
| 조명 & 소품 | 빨강색 레일 조명 | 매혹적인 분위기 유도 |

> 팁: 컬러는 가장 자주 보이는 곳부터 통일하면 효과적이다.

로기 입구

이런 디테일한 컬러 설계 덕분에, 고객들은 로기를 방문한 후 "검은 공간에 붉은 불빛이 인상적이었다."는 피드백을 자주 남겼다. 6개월 후 진행한 설문조사에서는 방문객의 78%가 '블랙과 레드의 컬러 조합'을 가장 인상적인 요소로 꼽았다.

### 3) 사장의 기획이 비용을 절감한다

보통 인테리어 비용 중에서 디자인 컨설팅 비용은 케이스에 따라 매우 다르다. 그런데 이 영역은 사장의 기획력과 감각에 따라 절감할 수 있다

나는 외부 업체에만 의존하지 않고, 직접 컬러 컨셉을 설계하고 디자인에 참고할 자료를 조사해 정리했다. 그래서 인테리어 업체와 일을 하면서도 주도권을 가지고 이야기할 수 있었고, 그 결과 브랜드 컨셉은 유지하면서도 예산을 효율적으로 조절할 수 있었다. 구체적인 비용 절감 사례를 공유한다.

- 사전 디자인 기획: 원하는 분위기와 컬러 팔레트를 미리 구체적으로 정리했다. 핀터레스트에서 찾은 이미지를 컬러, 재질, 분위기별로 분류하고 PPT로 정리해 업체에 전달했다. 업체에서는 컨셉을 구체적으로 이해할 수 있어 시행착오를 줄였고, 결과적으로 디자인 비용을 절감할 수 있었다.
- 직접 발굴한 소품: 작은 소품들(양초 홀더, 테이블 센터피스, 메뉴판)은 을지로, 동대문 등 소품 시장에서 발품을 팔아 찾았다. 인테

리어 업체를 통했다면 3배 이상의 비용이 들었을 것이다.
- 선택과 집중의 원칙: 고객 눈에 잘 띄는 곳(테이블 상판, 메인 바 카운터, 입구)에는 고급 소재를 사용하고, 덜 중요한 곳은 저렴한 대체재를 활용했다. 이를 통해 전체 예산은 절감하면서도 프리미엄 느낌을 유지할 수 있었다.

이러한 절감 전략 덕분에 로기는 초기의 작은 매장에서 예상했던 인테리어 비용 총 1억 원 중에서 약 1,500만 원을 절약할 수 있었고, 그 자금을 고품질 조리 장비와 와인 구입에 투자할 수 있었다.

**브랜드는 시각이 아니라 감정으로 기억된다**

모든 것이 조화를 이루는 공간은 그 자체로 이야기한다. 굳이 설명하지 않아도, 손님은 그 색과 분위기를 통해 "아, 이 브랜드는 이런 감정이구나." 하고 받아들인다. 이제는 브랜딩이 말이나 문장이 아니라, 색과 감각으로 스며드는 시대이다.

### 로기의 색상 비율 분석

| 컬러 | 비율 | 적용 위치 |
|---|---|---|
| 빨강(포인트) | 30% | 로고, 유니폼 포인트, 레일 조명, 화덕 불꽃 |
| 검정(배경) | 70% | 벽, 가구, 조리복, 식기, 메뉴판 |

색은 단순히 예쁜 것이 아니라, 손님의 머릿속에 브랜드를 각인시키는 감정의 구조이다. 당신의 레스토랑도 단순히 '예쁜 공간'이 아니라, 방문객의 마음에 오래도록 남는 '감정의 공간'으로 설계해 보길 바란다. 그것이 진정한 브랜드의 힘이다.

## 2장
## 아무도 알려주지 않는 첫 매장 설계 노하우

## 4. 입지는 어떻게 골라야 할까?

**1) 좋은 자리에는 이유가 있다**

　가게의 컨셉이 정해졌으면 그 상품이 가장 잘 팔릴 수 있는 상권은 어디일까를 고민해야 한다. 같은 메뉴라도 어디서 판매하는지에 따라서 매출은 천차만별이다. 아무리 맛있는 음식이라도 잘못된 위치에서는 그 가치를 제대로 인정받기 어렵고, 반대로 평범한 음식이라도 적절한 상권에서는 큰 성공을 거둘 수 있다.

　예를 들어, 고급 스테이크 전문점을 대학가 근처에 오픈한다면 아무리 좋은 고기를 사용해도 학생들의 주머니 사정과 맞지 않아 외면받기 쉽다. 반면 평범한 수준의 치킨집이라도 직장인들이 많이 모이는 오피스 상권에 자리 잡으면 접근성과 편의성만으로도 꾸준한 매출을 올릴 수 있다. 이는 음식의 절대적 품질보다는 '누가, 언제, 왜' 그 음식을 찾는지에 대한 이해가 더 중요함을 보여준다.

로기의 메뉴는 객단가 10만 원이 넘다보니 국내 손님뿐 아니라 해외 손님도 흡수할 수 있는 레스토랑이 되어야 했다. 왜냐하면 객단가가 높을수록 재방문 횟수를 늘리기는 쉽지 않기 때문이다. 이 경우 소비 규모가 상대적으로 큰 외국인 손님도 함께 타깃으로 잡아야 일정 매출 이상을 올릴 수 있다. 1,400~1,500원 정도의 환율을 기준으로 할 때, 외국인은 10만 원짜리 코스 메뉴를 대략 70달러 정도로 느끼기 때문이다. 우리가 동남아에 갔을 때, 한국에서 쓰는 돈보다 적은 돈을 쓰고도 많은 것을 누렸다는 느낌이 드는 것과 비슷하다.

외국인 손님들은 재방문을 하기는 어렵지만, 한 번 왔을 때 가장 비싼 코스와 페어링을 주문하는 경향이 있다. 우리가 해외여행 시 비행기 비용, 휴가 기회비용 등을 고려해 평소보다 돈을 더 쓰는 것과 같은 심리다. 그렇기에 서울에서 장사를 한다면 외국인들도 올 수 있게끔 가게를 꾸리는 것도 좋은 전략이다.

로기는 외국인 손님까지 포섭할 수 있어야 한다는 전제하에 가게 위치를 지방보다 서울로 택했다. 서울 안에서도 외국인이 많이 오는 지역인 성수, 한남, 청담을 후보지로 꼽았다. 그중 한남동을 선택한 것은, 젊은 분위기에서 차별성이 있는 요리를 제공하고자 했기 때문이다. 청담동은 클래식한 분위기인데 반해 성수동과 한남동은 상대적으로 젊고 개성 있는 분위기였다. 그중 주요 타깃인 20대 후반~30대 후반이 많이 찾는 한남동으로 정했다. 성수동을 찾는 연령층은 한남동의 연령층보다 낮아 소비 여력이 떨어진다고 판단했다.

### 부동산으로 출근하며 발품을 팔자

상권이 정해졌으면 입지를 선택해야 한다. 좋은 입지의 가게는 귀하고, 매물로 잘 나오지도 않고, 나와도 금방 계약이 성사되어 내가 접근하기 힘들다. 발품을 팔아야 한다. 내가 노리는 동네의 부동산을 매일 방문하자. 박카스 하나라도 사 들고 가는 성의도 보이자. 사람이 하는 일이기에 결국 사람을 내 편으로 만들어야 한다. 부동산에서 내가 손님이길 바라지 말고 부동산이 내 손님이라고 생각하면 편하다. 발품을 파는 수고로 평생 운영해야 할지도 모르는 내 매장 위치가 달라질 수 있다는 걸 명심해야 한다.

### 2) 가시성과 실용성을 함께 고려하자

입지를 선택할 때는 눈에 띄는 위치인지(가시성)와 실제로 운영하기 좋은지(실용성)를 균형 있게 고려해야 한다. 접근성은 손님들이 얼마나 쉽게 찾아올 수 있는지를 의미한다. 지하철이나 버스 정류장에서 5분 이내 거리면 이상적이다. 특히 저녁 영업이 주가 된다면 어두워진 후에도 손님들이 안전하게 찾아올 수 있는 길목인지 확인하라.

주차 여건은 30대 이상 고객층을 타깃으로 한다면 필수적이다. 공영주차장이 200m 이내에 있는지, 주말에도 주차가 가능한지 직접 체크해

모퉁이에 위치한 로기

보는 것이 좋다. 단순히 유동 인구가 많은 것보다 내 타깃층이 언제 많이 지나다니는지가 중요하다. 예를 들어, 직장인이 타깃이라면 출퇴근 시간대의 통행량을, 주말 영업이 중심이라면 주말 오후의 인구 흐름을 살펴봐야 한다.

로기는 모퉁이에 자리잡았는데, 모퉁이 입지는 두 거리에 면해 있어 노출도가 높고 찾기 쉽다는 장점이 있다. 모퉁이가 아니더라도 메인 거리에서 쉽게 눈에 띄는 위치나 랜드마크 근처가 유리하다. 이런 요소들을 체크해 가시성과 실용성이 모두 높은 장소를 선택해야 한다. 가시성은 초기 고객 유입에, 실용성은 지속적인 운영에 영향을 미친다는 점을 기억하라.

여러 요소를 따져 좋은 입지라고 판단하면 부동산에게 수수료를 좀 더 주더라도 가게 자리를 선점해야 한다.

### 3) 다른 가게들과 시너지를 낼 수 있는 입지인가

가게의 매출은 단순히 내가 잘한다고 해서 오르는 것이 아니다. 때로는 주변 상권과의 조화, 함께 입점한 다른 가게들과 시너지가 매출을 끌어올리기도 한다.

예를 들어, 내가 와인 바를 운영한다고 가정해보자. 언뜻 생각하면 주변에 나와 같은 와인 바가 많은 곳은 경쟁자가 많으니 피해야 할 입지처럼 느껴질 수 있다. 하지만 실제로는 그 반대이다. 여러 와인 바나 레스토랑이 밀집한 거리에서는 오히려 서로가 서로에게 손님을 보내주는 자연스러운 동맹 관계가 형성된다. 누군가의 1차가 누군가의 2차가 되고, 좋은 경험은 또 다른 방문으로 이어진다. 단독보다는 밀집이 더 큰 효과를 발휘하는 경우이다.

또한 건물 내부 구성도 중요하게 살펴봐야 한다. 어떤 업종이 어느 층에 위치해 있는지, 나와 겹치는 고객층을 타깃으로 하고 있는지 파악해야 한다. 이때 중요한 포인트는, 내가 영업하지 않는 시간에도 내 가게가 고객에게 노출될 수 있느냐는 점이다.

예를 들어, 나보다 더 대중적인 아이템을 판매하고, 운영 시간이 긴 의류 매장이나 카페 브랜드가 입점해 있는 건물이라면 그 자체로 내 브랜드를 지속적으로 노출시킬 수 있는 좋은 기회가 된다. 의류를 구매하러 온 손님들이 자연스럽게 우리 가게 간판을 보고 '여기 이런 가게도 있네.'라고 기억하게 되는 것이다. 브랜드는 이렇게 반복적으로 '스쳐가며' 사람들의 머릿속에 각인된다.

## 5. 매출을 설계하는 공간 선택

**1) 현실적인 임대료 기준을 세워라**

　자본이 많지 않은 초보 사장이 첫 가게를 내면서 메인 거리에서 장사하기는 쉽지 않다. 사람들이 많이 다니는 메인 거리에서 오픈하고 싶은 마음이야 굴뚝같겠지만 현실적인 상황을 고려했을 때 한두 블록 정도 들어간 곳에서 시작하는 것이 좋다.

　임대료는 매출에서 차지하는 비중으로 따져봐야 한다. 월세는 예상 매출액의 7~10% 내외가 적당하다. 만약 월세가 총매출의 15%를 넘는다면, 그 상품은 그곳에서 팔면 안 되는 것이다. 오픈한다고 해도 현실적으로 살아남기 어렵다. 그래서 백반집은 한남동에 없고 을지로에 많은 것이다.

월세 300만 원인 공간을 계약하려 한다면, 최소 월 매출은 3,000만 원은 되어야 한다(매출의 10%). 하지만 매출이 2,000만 원밖에 안 된다면 월세 비중이 15%를 넘으니 위험 신호이다. 이럴 경우 200만 원 이하의 월세 공간을 찾거나, 상품 가격대를 올려 객단가를 높이는 전략을 세워야 한다.

내 경험으로는 처음 시작하는 초보 사장은 너무 '핫한' 지역보다 조금 떨어진 곳에서 시작하는 것이 생존율이 높다. 압구정 로데오 거리에서 시작했다가 6개월 만에 문을 닫은 레스토랑과, 골목 안쪽에서 시작해 3년째 안정적으로 운영 중인 레스토랑이 있다. 그 둘의 결정적 차이는 임대료일 가능성이 높다. 전자는 매출의 20%가 임대료로 나갔고, 후자는 8%에 불과했다.

### 2) 권리금의 종류와 가치를 판단하는 기준

권리금은 바닥권리금(지역권리금), 시설권리금(가게 인테리어 및 기물 비용), 영업권리금(단골 고객, 브랜드 이미지, 인지도, 노하우 등을 많이 확보한 데에 대한 권리금)으로 나뉜다. 바닥권리금은 기존 기물과 바닥이 포함된 권리금과 모두 철거된 상태의 권리금으로 흔히 '권리금'이라 할 때 이를 말한다. 초보 창업가라면 오히려 권리금이 있는 가게가 유리할 수 있다. 다만 주의할 점이 있다.

기존 기물 중 물려받아 사용 가능한 것은 생각보다 적다. 비싼 와인잔이나 고급 주방 기구는 대부분 기존 세입자가 가져가기 때문이다. 특히 냉장고나 냉동고는 보통 사용 후 2~3년이 지나면 잔고장이 나기 시작한다. 상태가 좋지 않은 설비는 오히려 철거 비용이 더 들 수 있으니, 계약 전 기존 세입자와 불필요한 기물의 처리 비용을 명확히 협의해야 한다. 때로는 모든 기물을 새로 들이고 바닥의 찌든 때를 깨끗이 청소하는 것이 장기적으로 유리하다. 이는 새 매장의 위생 관리와 해충 발생 예방에도 도움이 된다.

권리금의 적정 가격은 어떻게 판단할까? 보통 '영업이익×기간(통상 1~2년치)+입지 프리미엄+시설가치의 종합'으로 산정한다. 그런데 현재는 부동산의 급격한 인플레이션과 변동성이 큰 시장 상황으로 인해 이러한 원리도 많이 희석된 상태다. 따라서 내가 갖고 있는 자금을 기반으로 유연하게 접근하는 것이 좋다.

### 기존 가게의 장르를 분석하라

무권리, 2층 이상 입지라면 손익분기점, 즉 BEP(Break-Even Point) 달성까지 시간이 오래 걸릴 수 있다. 비슷한 타깃으로 장사를 했던 가게 자리가 좋은 것은 설비(후드, 덕트, 전기, 가스, 수도)가 갖춰져 있고 리스크가 줄어들기 때문이다. 무엇보다 기존 손님을 자연스럽게 끌어올 수 있다.

공간의 '역사'를 살펴보는 것도 중요하다. 그 자리에서 이전에 어떤 업종이 얼마나 오래 버텼는지, 왜 문을 닫게 되었는지 파악하면 내 사업의 성공 가능성을 예측하는 데 도움이 된다. 지난 3년간 3번 이상 업종이 변경되었던 자리라면 경고 신호로 봐야 한다.

로기는 기존 와인 바 자리에 바닥권리금을 주고 들어갔다. 덕분에 설비와 손님, 시간이라는 3가지 유리한 조건을 얻을 수 있었다. 와인 바였던 공간을 레스토랑으로 전환하는 과정에서 후드와 덕트, 주방 설비, 전기, 가스의 일부를 그대로 활용할 수 있어, 초기 투자 비용을 약 1,500만 원 정도 절감할 수 있었다. 또한 기존의 와인 바 단골 고객 중 일부가 로기의 고객이 되어주었고, 그들의 입소문을 통해 새로운 고객층을 확보할 수 있었다.

시간은 돈이다. 설비를 새로 갖추고 고객을 모으는 데 걸리는 시간을 줄일 수 있다면, 그만큼 BEP 도달 시점도 앞당길 수 있다. 어떤 음식점 운영자는 유동 인구가 많은 강남역 근처로 자리를 옮긴 후 매출이 2배 이상 늘었지만, 임대료와 권리금으로 인해 순이익은 오히려 줄었다고 한다. 입지는 단순히 '좋은 위치'가 아니라 '내 사업에 맞는 위치'이다.

### 3) 계약 전에 반드시 짚고 넘어가야 할 요소들

공간을 선택하는 일은 곧 매출을 설계하는 일이다. 가게를 열고자 하는 열정에 앞서, 다음의 요소를 체크해보자.

① **입지 조건**
- 대중교통 접근성: 가까운 역이나 정류장에서 도보로 얼마나 걸리는지(도보 5분 이내 권장).

- 주차 여건: 공영 주차장 또는 유료 주차장과의 거리(200m 이내가 이상적).
- 유동 인구: 시간대별, 요일별로 사람들의 흐름이 어떻게 변화하는지.
- 가시성: 가게 간판이나 출입구가 거리에서 잘 보이는지.

② **비용 구조**

- 월세와 예상 매출의 비율: 감당 가능한 수준인지(총매출의 10% 이하 권장).
- 층수에 따른 임대료 차이: 1층이 아니더라도 전략적으로 유리한 위치인지.
- 권리금 유무: 지불 의무와 금액 확인.
- 추가 비용: 관리비, 냉난방비 등 별도로 발생하는 지출이 있는지.

③ **기존 입점 업종**

- 건물에 입점한 다른 브랜드들은 어떤 컨셉인지.
- 내 가게와 조화를 이루며 시너지를 낼 수 있는지, 혹은 직접적인 경쟁 관계는 아닌지 검토.
- 운영 시간대가 다른 업종이 같은 건물에 있다면 더 유리(브랜드 노출 기회 증가).

내가 아는 로데오 거리의 레스토랑은 유동 인구가 많은 메인 거리에 높은 월세를 감당하며 오픈했지만, 결국 문을 닫았다. 반면 망원동의 작은 식당은 메인 거리에서 한 블록 떨어진 골목에 위치해 있지만, 대중교통 접근성이 좋고 주변 직장인들의 점심 수요를 정확히 파악해 안정적인 매출을 올리고 있다.

 이 모든 요소들은 단순한 '공간 선택'을 넘어, 앞으로 내 브랜드가 어떤 환경 속에서 자라고 성장하게 될지를 결정짓는 전략적 판단의 기준이 된다. 공간은 단순한 '자리'가 아니다. 그것은 브랜드의 일부이며, 손님과 처음 만나는 현장이다.

# 6. '공간'을 '가게'로 바꾸는 데 필요한 모든 것

### 1) 인테리어 & 주방 설비 시 체크할 것들

　첫 가게를 준비하는 사람들은 '부동산 계약부터 시작'이라고 생각한다. 하지만 실제 창업 경험자들은 하나같이 입을 모아 말한다. "부동산 계약에 앞서 업체부터 잡아야 한다."

　업체 선정에는 운이 작용한다. 인기가 많은 인테리어나 주방설비 업체는 1년치 예약이 이미 차서 부동산 계약이 되는 시점에 작업이 어려울 수 있다. 그러므로 3~4개 정도의 업체를 미리 알아보고 그중에서 시간이 되는 곳으로 선택할 수밖에 없다. 그래서 평소 마음에 드는 업체를 봐 두어야 한다

　업체 선정부터 가게 오픈까지 전체 일정 흐름과, 실제 인테리어와 주

방 설비를 할 때 반드시 확인해야 할 것들을 정리해 보자.

### 계약 전 준비: 업체 선정과 일정 계획

많은 초보 창업자들이 '좋은 자리'를 먼저 찾으려 한다. 하지만 이 과정에서 흔히 놓치는 게 있다. 바로 인테리어·주방설비 업체의 스케줄이다. 사람들이 많이 찾는 업체는 이미 몇 달치 일정이 꽉 차 있는 경우가 많다. 그러니 계약 전에 미리 업체를 선정하고, 가능한 공사 일정을 먼저 조율해두는 것이 중요하다.

또한 계약 전, 건물주에게 도면을 요청하자. 그 도면을 바탕으로 실측과 3D 시안을 제작하고 업체와의 협업을 통해 공정 계획을 짤 수 있다.

로기의 경우, 공간 계약 2주 전에 3곳의 인테리어 업체, 2곳의 주방 설비 업체와 미팅했다. 덕분에 계약 직후 바로 철거와 공사에 착수할 수 있었고, 타 매장보다 오픈 일정을 2주 앞당길 수 있었다.

### 업체 선정 시 체크포인트

다음은 업체를 선전할 때 점검할 사항들이다.

- 포트폴리오와 실제 시공 사례 확인: 유사한 규모와 콘셉트의 매장을 시공한 경험이 있는지 확인하라.
- 견적서 세부 내역 비교: 동일 항목에 대한 여러 업체의 견적을 비교해 적정 가격인지 판단하라.

- 일정 준수 가능 여부: 업체의 다른 프로젝트 일정과 인력 현황을 파악해 약속한 일정 준수가 가능한지 확인하라.

## 2) 주방과 인테리어 설계의 핵심 요소: 효율성

계약이 끝났다면 가장 먼저 철거를 진행한다. 철거가 완료돼야 공간의 실제 구조를 확인할 수 있고, 그 후에 정확한 실측과 설계가 가능하다.

인테리어 업체는 홀, 화장실, 외관, 덕트, 주방 방수, 바닥 트렌치 등을 담당하고, 주방 업체는 냉장·냉동고, 후드, 수전 등 기기의 위치를 조리 동선과 공간 구조에 맞게 설계한다. 특히 작은 가게일수록 5~10cm의 차이가 굉장히 크다. 동선 효율을 최대화하려면, 맞춤 제작 주방기기를 고려하는 것도 좋은 방법이다. 주방은 가게 효율의 핵심이다. 특히 바닥 설계와 방수, 배수 구조는 절대 가볍게 봐선 안 된다.

- 주방은 보통 습식으로 구성된다. 물청소를 해야 하므로, 그리스트랩(음식물 찌꺼기와 기름을 걸러내는 대용량 거름장치) 설치와 바닥의 자연스러운 기울기(구배)가 필수이다.
- 초기 방수 공사는 반드시 현장을 방문해 꼼꼼히 확인하자. 한 번 잘못되면 아래층 누수 → 공사 재시작 → 추가 비용으로 이어진다.
- 트렌치(바닥 물 빠짐 통로)는 물이 고이지 않고 배관 쪽으로 잘 흐를 수 있도록 설계해야 한다. 고인 물은 악취와 벌레를 불러온다.

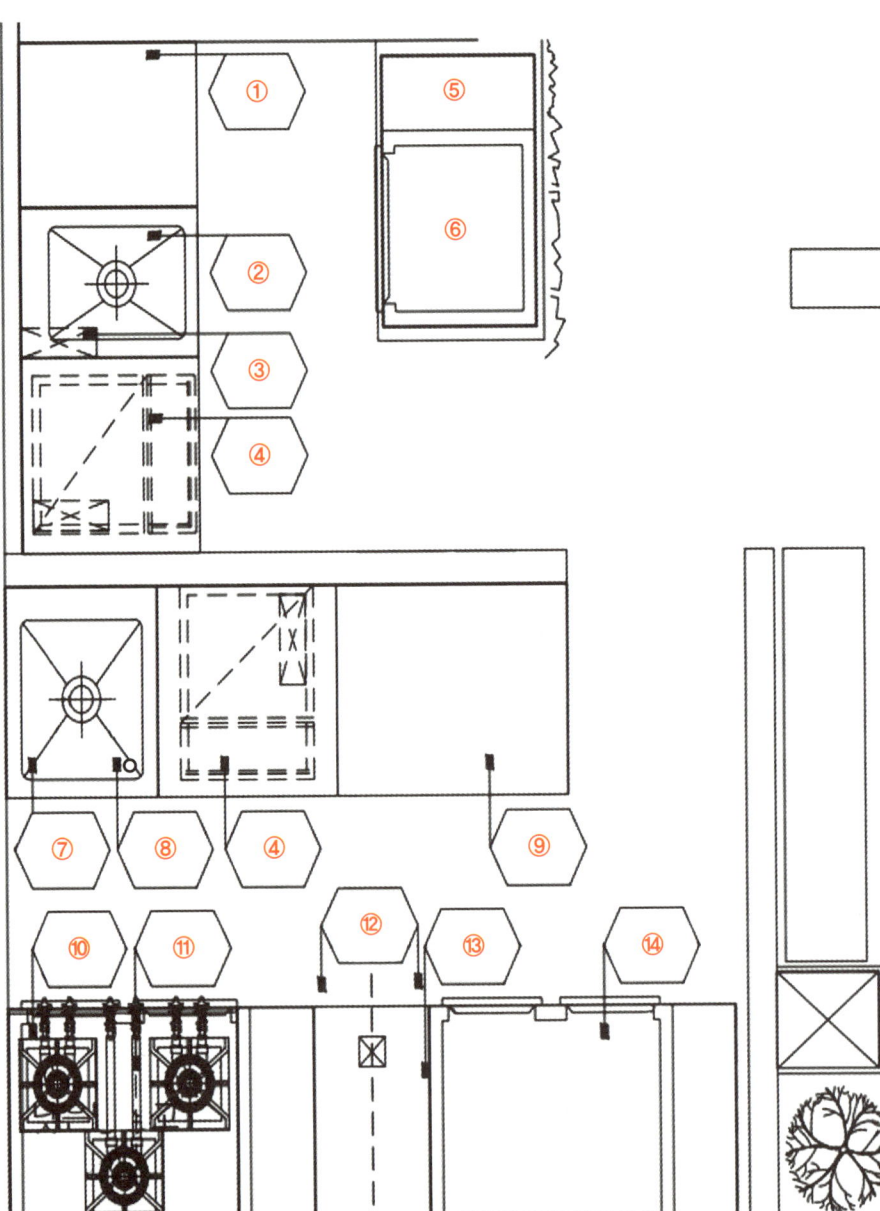

⑮

### 주방 구조와 체크포인트

① **하부 서랍:** 각종 인터넷, 음악 장비, 홀 비품 보관.
② **홀 쪽 개수대:** 정수기를 같이 설치. 제빙기, 정수기, 개수대 위치를 묶어 동선을 짧게 함.
③ **정수기**
④ **제빙기:** 물과 함께 쓰므로 개수대 옆에 배치.
⑤ **카운터 테이블**
⑥ **낮은 냉장고(카운터 아래):** 탄산수, 미네랄워터, 글라스 와인 등 손님이 가장 많이 찾는 아이템 배치. 홀 인원 동선 최소화.
⑦ **개수대:** 큰 생선을 씻을 수 있는 크기인지, 자주 쓰는 프라이팬을 넣기에 충분한 크기인지 고려.
⑧ **릴 호스(개수대 아래):** 주방 바닥 청소를 쉽게 할 수 있다.
⑨ **접시 워머:** 접시를 따뜻하게 유지해야 하므로 손님과 가까운 홀 입구 쪽에 배치.
⑩ **화구:** 화구에서 프라이팬과 냄비를 쓰기 편하게 동선을 짤 것.
⑪ **하부 냉장고(화구 아래):** 전처리된 식재료를 수납해 바로바로 조리하고 동선을 짧게 할 수 있다.
⑫ **쓰레기통:** 화구와 냉동고 사이에 쓰레기통을 두어 각 섹션의 근무자가 함께 쓸 수 있다.
⑬ **상부 덕트**
⑭ **냉동고:** 화구와 거리를 두어 냉기 유지.
⑮ **홀**

### 3) 장비 선택과 유지보수 고려사항

주방 장비 선택은 예산, 메뉴, 공간, 작업 효율성을 모두 고려해야 한다.

- 내구성과 AS: 브랜드 신뢰도, 사후 관리 체계 확인.
- 에너지 효율: 전기/가스 사용량이 운영비에 미치는 영향 고려.
- 조리 동선 최소화: 주요 작업 구역 간 이동 거리 최소화.
- 작업 구역 분리: 전처리, 조리, 플레이팅 구역의 명확한 구분.

### 덕트 모터 설치 시 고려 사항

덕트 모터는 레스토랑 창업 컨설팅을 할 때 내가 반드시 이야기하는 내용 중 하나이다. 초보 사장들이 흔히 놓치는 것은 '덕트 모터가 손에 닿을 수 있는 위치에 설치되는지 여부'이다. 덕트 모터는 보통 1년에 한 번 정도 점검하거나 교체하는데, 이때 사다리로 접근 가능한 위치 (보통 2m 내외)에 있는 것이 좋다. 사람이 사다리로 오를 수 없는 높이에 설치하면 매번 사다리차를 부르는 비용, 최소 55만 원이 추가로 발생한다. 로기처럼 연기가 많이 나는 음식을 다룰 때 자주 닦지 못하면 모터를 교체해야 하는데 이 때 150만 원 정도 추가 비용이 들어가게 된다. 로기의 경우 우드 파이어의 특성상 모터에 때가 자주 끼는데 손에 닿지 않는 곳에 있는 바람에 고장이 잦아 6개월에 한 번씩 교체를 해야 한다. 결국 매년 400만 원 정도의 비용이 고정비로 나가고 있다. 미리 알았다면 절대 하지 않았을 실수다.

설치 초기부터 사다리로 접근 가능한 위치에 모터를 설치하고, 모터에 때가 끼지 않도록 자주 꺼내서 닦아주는 것이 좋다.

### 오픈 전 셋업과 테스트 운영

공사가 끝났다고 바로 오픈하는 건 위험하다. 최소 1~2주간의 여유를 두고, 가게를 '셋업'하고 테스트 운영을 해보자. 이 시기에는 다음과 같은 일들이 필요하다.

- 테이블, 의자, 조명, 식기류, POS 기기 등을 실제 운영 동선에 맞춰 정리하기.
- 직원 교육 및 테스트 운영.
- 가오픈(테스트를 위한 지인 초대 행사)을 통해 실전처럼 테스트.
- SNS 및 네이버 스마트플레이스 콘텐츠 준비와 사전 등록.

테스트 운영 기간은 실제 운영 시 일어날 수 있는 문제점을 발견하고 수정할 수 있는 귀중한 시간이다. 로기는 정식 오픈 10일 전부터 5일간 지인들을 초대해 다양한 메뉴를 제공하며 피드백을 수집했다. 이 과정에서 POS 시스템의 오류, 주방 동선의 비효율성, 일부 메뉴의 제공 시간 지연 등 여러 문제점을 발견하고 수정할 수 있었다.

**마무리하며**

공간을 운영 가능한 매장으로 바꾸는 일은 생각보다 많은 변수와 판단이 필요하다. 그러나 가장 중요한 건 순서이다. "계약 전에 일정을 짜고, 계획 속에서 계약하라."

시간은 곧 돈이다. 준비된 일정과 시나리오가 있다면, 그것이 바로 창업자의 가장 강력한 무기가 된다.

로기가 2달이라는 짧은 기간 내에 공사를 모두 마치고 오픈할 수 있었던 비결은 이 '준비된 설계'였다. 오픈까지 전체 일정을 정확히 계획하고, 예상치 못한 상황에도 대응할 수 있는 버퍼를 둔 덕에 생각보다 시간을 앞당겨 오픈할 수 있었다. 이는 초기 비용 절감과 더불어 시장에 빠르게 진입할 수 있는 기회가 되었다.

인테리어와 설비는 단순한 '공사'가 아니라 당신의 브랜드를 물리적으로 구현하는 과정이다. 미학적 요소와 실용성, 비용과 효율성 사이에서 최적의 균형점을 찾는 여정을 즐기길 바란다.

# 7. 아주 작은 것에서 시작하는 차별화

진짜 차별화는 어디에서 시작될까? 거창한 인테리어나 값비싼 가구가 아니다. 놀랍게도 아주 작은 접시 하나, 화장실 선반 위에 놓인 오브제 하나에서 손님은 '이 공간은 다르다.'는 느낌을 받는다. 눈에 띄게 크고 특별한 무언가가 아닌, 작지만 정성스러운 디테일에서 브랜드의 밀도가 드러난다. 그런 요소들이 쌓이고 쌓여 공간의 분위기를 결정짓는다.

## 1) 디테일이 브랜드를 만든다

브랜드의 정체성을 만드는 건 결국 '하나라도 다르게 하는 것'이다. 컨셉이 분명한 브랜드는 디테일에서 그 진심이 드러난다. 내가 기획한 로기는 '한국적인 우드 파이어'라는 컨셉을 잡고, 모든 소품과 공간 요소 하나하나를 이 컨셉 안에서 정리했다.

그 시작은 소품 작가들과의 협업이었다. 로기에 배치된 모든 접시와 식기류, 커트러리, 유리컵, 조명, 인센스, 인센스 홀더, 간접 조명까지 모두 한국의 젊은 작가들이 직접 제작한 작품이다. 왜 이렇게 번거로운 길을 택했냐고? 차별성은 '소비할 수 없는 감정'에서 오기 때문이다. 공간은 따라 할 수 있다. 인테리어도, 가구도 복제될 수 있다. 하지만 '정성이 느껴지는 디테일'은 따라 할 수 없다. 내가 직접 만나고, 고민하고, 대화해서 만든 것, 그 안에 담긴 감정과 시간은 브랜드의 고유한 공기를 만든다. 결국 손님은 접시 하나에서도 '이 가게는 다르다.'는 것을 알아본다. 작은 것이 공간을, 공간이 브랜드를 만든다.

### 2) 공간을 완성하는 요소들: 맞춤 제작의 가치

손님이 사용하는 모든 물건을 1cm 단위로 측정하고 기획해서 맞춤 제작한다는 것은 어떤 의미일까? 나는 8~9명의 유리공예, 세라믹, 금속공예, 목공예 작가들과 만나 로기라는 공간과 철학을 설명하는 것부터 시작했다. 그 후에 매장으로 초대해, 손님 한 명이 사용하는 테이블 위를 1cm 단위로 세분해 측정하였다. 그런 측정을 바탕으로 손님이 어떤 불편함도 느끼지 않고, 어떤 거슬림도 없이 식사를 할 수 있도록 접시, 코스터, 와인 버킷, 코르크받침 등을 맞춤 제작했다. 이 과정에서 깨달은 것은 디테일이 단순히 '예쁜 것을 고르는 것'이 아니라 '사용자를 기준으로 설계하는 것'에서 시작된다는 것이었다.

컬러와 소품이 조화로운지도 철저히 계산하였다. 브랜드 컬러인 빨강과 검정이 잘 어우러지도록 작가들과 소통하며 각 작품의 색감과 톤을 맞춰 나갔다. 소품 자체도 하나의 시각적 언어가 되어 공간의 분위기에 이질감 없이 녹아들도록 했다.

조명도 공간의 정체성을 만드는 중요한 요소이다. 나는 한국 전통 다식틀에서 영감을 받은 조명을 제작해 로기 홀의 중심에 배치했다. 검정과 빨강이 배합된 이 조명은 브랜드 컬러와 한국적인 감성을 동시에 담았다. 그리고 공간 곳곳에는 십이지신이 그려진 나무 베이스 조명을 설치해 은은한 간접광 속에서 무게감과 깊이를 느낄 수 있도록 구성했다.

가끔은 리움미술관이나 국립현대미술관에 가서 국내 작가들의 전시를 본다. 그중 로기와 어울릴 법한 작품을 직접 구매해, 공간의 포인트로 배치하기도 한다. 이것은 단순한 장식이 아니라, 공간과 예술이 자연스럽게 대화하는 방식이다. 미술관과 갤러리 방문은 단순한 취미를 넘어 브랜드의 미적 감각을 훈련하는 과정이다. 다양한 작품을 접하면서 브랜드 공간에 어울릴 요소들을 지속적으로 탐색하고, 그 과정에서 브랜드의 미적 정체성이 더욱 선명해진다.

### 3) 작가를 선정하는 기준과 협업 방법

나는 '국내 작가'를 고집했다. ESG 관점에서 봤을 때, 수입 소품은 이동 과정에서 많은 이산화탄소가 발생한다. 로기는 지속 가능성을 추구하기에, 가급적 국내에서 생산되고 이동이 적은 물건을 사용하는 것이

나무 접시(김혜윤 작가), 포크(손혜지 작가)

더 의미 있다고 판단했다.

차별화를 위해서도 필요했다. 흔한 인터넷 쇼핑몰에서 살 수 있는 제품으로 공간을 꾸미면 금세 다른 가게에서 따라 할 수 있고, 브랜드의 고유성이 약해진다. 그러나 소장성 있는 작가의 작품을 컨셉에 맞게 배치한 공간은 특별한 경험을 할 수 있는 하나밖에 없는 특별한 곳이 될 것이다.

무엇보다 세대적 연대감이 중요했다. 나처럼 이제 막 브랜드를 시작한 젊은 작가들과 함께 성장하는 관계를 만들고 싶었다. 같은 시대를 살아가는 이들이 함께 만든 공간, 그것이야말로 지금 이 시대의 로기에게 가장 어울리는 그림이라고 생각했다.


**작가 선정과 협업 프로세스**

작가와의 협업은 생각보다 어렵지 않다. 내가 실제로 시도한 방법을 공유하려 한다.

먼저 작가를 발굴하는 단계다. 나는 예전에 일하던 레스토랑에서 함께 작업했던 작가들과 인연을 이어 나갔기 때문에 이들과 협업할 수 있었다. 이렇게 개인적인 인연이 없다면 인스타그램, 공예 전문 갤러리, 대학 졸업 전시회, 공예품 페어 등에서 브랜드 컨셉과 맞는 작가를 찾으면 된다.

여러 경로로 작가를 찾았다면 직접 메시지나 이메일로 협업 의사를 전달하는 것부터 시작한다. 이때 브랜드 컨셉과 어떤 종류의 작품이 필요한지 구체적으로 설명하는 것이 중요하다. 대면 미팅에서는 브랜드의 색, 분위기, 철학을 자세히 설명한다. 가능하면 공간의 사진이나 도면을 함께 공유하면 작가가 더 쉽게 이해할 수 있다.

그 다음은 샘플 제작 단계이다. 소량의 샘플 제작을 의뢰하고, 실제 공간에 배치해 보고 적합한지 판단한다. 필요한 경우 피드백을 주고 수정을 요청한다. 샘플이 만족스럽다면, 필요한 수량을 정확히 계산해 주문한다. 여분의 수량도 함께 주문해 파손 시 대체할 수 있도록 하는 것이 좋다.

**작가 협업의 현실적인 예산 관리**

맞춤 제작은 분명 추가 비용이 발생한다. 하지만 모든 소품을 한 번에 맞춤 제작할 필요는 없다. 로기는 단계적 접근으로 비용을 관리했다.

비용 관리는 우선순위를 설정하는 것부터 시작했다. 고객이 가장 많이 접하는 소품인 접시, 컵, 커트러리를 우선적으로 맞춤 제작하고, 나머지는 기성품으로 시작했다. 혼합 전략도 활용했다. 브랜드 정체성을 강조하는 핵심 소품만 맞춤 제작하고, 나머지는 디자인이 유사한 대량 생산 제품으로 보완했다.

단계적 교체도 중요했다. 매출이 어느 정도 안정된 뒤 점진적으로 기성품을 맞춤 제작품으로 교체해 나갔다. 작가와의 장기 계약을 통해 지속적인 협업을 약속함으로써 더 합리적인 단가로 맞춤 제작이 가능했다.

맞춤 제작 소품의 예산은 인테리어 총액의 5~10% 정도로 계획하는 것이 현실적이다. 로기의 경우 초기에는 약 7%(1,000~2,000만 원 가량)를 소품에 투자했고, 이후 점진적으로 비율을 높여갔다.

소품은 한 번 구매로 끝나는 것이 아니라, 브랜드와 함께 지속적으로 발전해 나가야 한다. 그리고 계절별, 메뉴 변화에 따라 소품도 함께 진화시키는 것이 좋다.

### 단계적 소품 발전 전략

모든 것을 한 번에 완벽하게 구현하기는 어렵다. 단계적으로 접근하는 것이 현실적이다.

시작 단계에서는 브랜드 컨셉을 가장 잘 드러내는 1~2가지 시그니처 소품에 집중했다. 로기의 경우 메인 요리 접시와 다식를 조명이 첫 번째 맞춤 제작 항목이었다. 확장 단계에서는 매출과 운영이 안정화되면서 테이블 웨어 세트, 조명, 장식품 등으로 맞춤 제작 범위를 확대했다. 완성 단계에서는 화장실 소품, 직원 유니폼, 메뉴판, 음악 플레이리스트까지 브랜드 컨셉을 일관되게 적용했다.

### 소품의 관리와 지속성

맞춤 제작 소품은 관리가 매우 중요하다. 그래서 각 소품의 세척, 보관, 취급 방법을 문서화하고 직원들에게 교육하는 취급 매뉴얼을 작성했다. 또한 작가와 사전에 추가 제작이나 수리에 대한 미리 이야기해 놓

다식틀 조명

으면 손상품 발생 시 신속하게 대응할 수 있다.

재고 관리도 중요하다. 자주 사용하는 소품은 여분을 10~15% 정도 확보해 갑작스러운 파손이나 분실에 대비했다. 그리고 작가와 관계를 유지하기 위해 정기적으로 연락하고, 손님 및 사용자의 피드백을 공유했다. 이는 작가들에게 현장의 반응을 전하는 계기가 되었다. 또, 로기는 분기별로 작가들을 초대해 식사를 대접하고 소품 사용 현황을 공유했다.

브랜드 성장에 맞춰 소품도 함께 진화할 수 있도록 작가와의 장기적인 파트너십을 구축하는 것은 중요하다. 로기의 경우 브랜드 확장 시 같은 작가들과 협업해 일관된 스타일을 유지했다.

디테일에 대한 집착이 나의 브랜드를 차별화시킨다. 접시 하나, 조명 하나에서 시작된 정성은 결국 고객이 느끼는 전체 경험의 질을 결정한다. 작은 것에서 시작하는 차별화가 브랜드의 진정한 경쟁력이 된다.

3장

# 최소 비용으로 최대 효과를 내는 레스토랑 마케팅 전략

레스토랑 사업에서 마케팅은 단순한 광고가 아니라 브랜드의 생존과 성장을 좌우하는 핵심 요소이다. 특히 초기 단계에서 제한된 예산으로 최대 효과를 내는 것은 모든 창업자의 과제이다.

과거 레스토랑 마케팅은 전단지 배포, 지역 잡지 광고, 오프닝 이벤트 같은 오프라인 활동이 주를 이뤘지만, 2025년 현재 레스토랑 마케팅 지형은 완전히 달라졌다. 모바일과 SNS의 발달로 소비자들의 식당 선택 과정이 변화했고, 이에 따라 마케팅 전략도 진화해야 한다. 오늘날 레스토랑 마케팅은 크게 네 가지 영역으로 나눌 수 있다.

**① 디지털 광고 플랫폼**

인스타그램 광고, 네이버 스마트플레이스, 캐치테이블 등 각종 플랫폼을 활용한 노출 확대.

**② 인플루언서 마케팅**

유튜버, 블로거, 인스타그래머 등을 통한 체험단 운영.

**③ 콘텐츠 마케팅**

브랜드 이미지와 메뉴를 보여주는 영상 및 사진 콘텐츠 제작.

**④ 오프라인 경험**

매장 자체가 마케팅 도구가 되는 공간 경험 설계.

오픈 전부터 체계적인 마케팅 계획을 수립하고 단계별로 실행한다면, 초기 흥행에 그치지 않고 지속 가능한 매출을 창출하는 레스토랑으로 성장할 수 있다.

이제 정식 오픈 전부터 단계별로 적용할 수 있는 실질적인 마케팅 전략을 살펴보자. 로기의 실제 사례와 경험을 바탕으로, 제한된 예산으로 최대 효과를 내는 구체적인 노하우를 공유하려 한다.

# 8. 정식 오픈 전 마케팅: 준비 단계부터 시작하는 브랜드 구축

### 1) 공사 기간도 홍보 기간이다

레스토랑의 가장 큰 고정비 중 하나는 임대료이다. 심지어 공사 기간에도 임대료는 매월 발생하지만 수익은 없다. 이 기간을 단순히 '비용만 발생하는 시간'으로 보지 말고, 브랜드를 알릴 수 있는 귀중한 마케팅 기회로 활용해야 한다.

일반적으로 레스토랑 공사는 약 2~3개월이 소요된다. 이 기간은 매장 앞을 지나가는 수많은 사람들에게 브랜드를 노출할 수 있는 기회이다. 가게의 모습이나 특징을 알릴 수 있는 현수막이나 임시 파사드를 설치하라!

로기의 경우, 공사 기간 동안 매장 앞에 "한국적 감성의 우드 파이어

그릴, 6월 초 오픈 예정"이라는 문구와 함께 로고와 컨셉 이미지를 담은 현수막을 설치했다. 이는 지나가는 사람들의 호기심을 자극했고, 오픈 전부터 입소문이 나기 시작했다. 현수막 디자인 시 다음 요소를 포함하면 효과적이다.

- 간결하고 기억하기 쉬운 브랜드명
- 어떤 음식을 제공하는지 명확한 설명
- 오픈 예정 시기
- 인스타그램 계정이나 간단한 QR코드 (사전 정보 제공용)

**2) 네이버 플레이스는 준비 없이 올리지 말라**

가게 인테리어가 끝나고 메뉴 준비도 마무리되었다면, 이제 본격적인 장사를 시작하기 직전이다. 이 단계에서 많은 창업자가 저지르는 실수 중 하나는 성급한 마음에 네이버 스마트플레이스를 너무 빨리 등록하는 것이다.

네이버는 신규 매장에 추가 노출을 제공한다. '오픈빨'로 불리는 초기 노출 효과는 큰 기회이지만, 동시에 위험 요소이기도 하다. 준비가 미흡한 상태에서 많은 손님이 몰리면 부정적인 첫인상을 줄 수 있고, 이는 재방문율 하락으로 이어진다.

로기와 까타는 공식 오픈 전 약 2주 정도 가오픈 기간을 거쳤다. 이 기간 동안,

- 팀원들과 서비스 동선을 맞추기.
- 주방과 홀의 호흡을 조율하기.
- 메뉴의 맛과 플레이팅을 개선하기.
- 부족한 부분을 찾아 수정하기.

등 실제 영업에 대비하며 준비하는 시간을 보냈다. 충분한 준비가 되었다고 판단한 후에야 네이버 스마트플레이스를 개설했고, 이로 인해 초기 방문 고객들에게 완성도 높은 서비스와 음식을 제공할 수 있었다.

### 3) 첫 SNS 사진에 너무 많은 비용을 들이지 말라

가오픈 기간이 끝나고 본격적인 마케팅을 시작할 때, 많은 사업자가 초기 SNS 콘텐츠와 메뉴 사진에 과도한 비용을 투자한다. 그러나 정식 오픈 초기는 메뉴와 운영 방식이 빠르게 변화하는 시기다.

고객 반응에 따라 메뉴를 교체하거나 수정해야 할 경우가 많기 때문에, 초기 사진 촬영에는 과도한 비용을 들이지 않는 것이 좋다. 숨고 같은 플랫폼을 통해 합리적인 가격에 촬영을 진행하거나, 기본적인 장비만 갖추고 직접 촬영하는 방법도 고려해볼 수 있다.

가게 내부 사진을 찍을 때는 가능한 사람이 가득 찬 모습을 담는 것이 효과적이다. '사람이 가장 큰 인테리어'라는 말처럼, 활기찬 매장 분위기는 잠재 고객에게 매력적으로 다가온다. 이때 발생하는 초상권 문제는 지인들과 가게 오픈에 도움을 준 분들을 초대해 식사를 대접하면서 촬영 동의를 구하는 방식으로 해결할 수 있다.

**SNS에 올린 로기의 메뉴 사진**

초기 메뉴 사진(핸드폰 촬영)

업데이트된 메뉴 사진(전문가 촬영)

### 4) 초기 데이터를 분석해 마케팅 방향 설정하기

핸드폰으로라도 필요한 사진을 찍었다면, 이제 각종 플랫폼에 정보를 등록해야 한다. 네이버, 카카오맵, 티맵, 구글, 캐치테이블에 레스토랑의 컨셉, 영업시간, 대표 사진, 음식 설명, 위치 등록, 영업장 전화번호를 등록한다. 모든 정보 등록이 완료되면, 고객 유입 경로 및 관심 메뉴를 체크해야 한다. 가장 중요한 것은 초기 데이터를 분석하는 것이다. 다음 사항을 꼼꼼히 체크하자.

- 어떤 경로로 매장을 찾는가(네이버 검색인지, 위치 기반으로 현재 위치에서 가까운 레스토랑을 찾는 네이버 지도인지, 캐치테이블을 통해 한남동 기반의 리뷰 수, 평점을 보고 예약하는지, 예약 없이 직접 방문하는지, 주위 행사로 인해서 오게 된 사람들인지 등).
- 검색 빈도가 높은 시간대와 요일은 언제인가.
- 어떤 메뉴가 많이 팔렸는가.
- 첫 방문 후 재방문까지 기간이 얼마나 걸렸는가.

이러한 데이터는 효과적인 마케팅 채널과 투자 비율을 결정하는 데 핵심 정보가 된다.

- 네이버 검색을 통한 방문이 많다면, 블로거 초청이나 네이버 비즈머니를 활용한 검색 광고에 투자한다.

- 캐치테이블을 통한 예약이 많다면, 캐치테이블 내 노출을 높이는 방안을 모색한다.
- 특정 시간대에 검색이 집중된다면, 해당 시간대에 광고 노출을 집중한다.

이러한 초기 분석을 바탕으로 총매출 대비 마케팅 채널별 투자 비율을 설정할 수 있다. 만약 노출은 높지만 실제 방문으로 이어지지 않는다면, 제공하는 상품이 타깃 고객층과 맞지 않을 가능성이 있으므로 메뉴나 가격대를 재검토해야 한다.

**초기 마케팅 체크리스트**

공사 기간부터 초기 운영 기간까지 초기 마케팅을 위한 체크리스트를 정리해 보자.

① **공사 기간 (정식 오픈 3~2개월 전)**
- 브랜드 정체성 확립 (로고, 컬러, 메시지)
- 공사 현장 현수막 디자인 및 설치
- 인스타그램 계정 생성 및 기본 정보 등록
- 티저 콘텐츠 계획 수립

② **가오픈 기간 (정식 오픈 2주 전)**
- 서비스와 음식 퀄리티 테스트 및 개선

- 초기 방문객 피드백 수집 및 반영
- 메뉴와 가격 최종 조정
- 매장 사진 및 분위기 촬영

③ **정식 오픈**
- 네이버 스마트플레이스 등록
- 구글 비즈니스 프로필 등록
- 캐치테이블, 망고플레이트 등 예약 플랫폼 등록
- 초기 마케팅 채널별 효과 분석 시작

이 체크리스트를 따라 단계별로 준비한다면, 제한된 예산으로도 효과적인 초기 마케팅을 실행할 수 있다. 잊지 말아야 할 점은, 레스토랑 비즈니스의 핵심은 재방문에 있다는 것이다. 화려한 마케팅보다 중요한 것은 첫 방문 고객에게 만족스러운 경험을 제공하는 것이다.

# 9. 운영 마케팅:
# 광고를 하되 광고에 의존하지 않는 법

### 1) 광고할 때만 손님이 오고, 광고를 내리면 손님이 끊기는 이유

　가게를 오픈하고 네이버 플레이스에 등록하면 가장 먼저 마주하게 되는 현실이 있다. 바로 네이버 광고대행 업체들의 전화 폭탄이다. 하루에도 수십 통씩 쏟아지는 전화에 일을 제대로 할 수 없을 정도다. 이때 좋은 업체를 선별하는 것이 무엇보다 중요하다.

　가장 주의해야 할 것은 절대로 1년 단위 계약을 하지 않아야 한다는 점이다. 백이면 백, 1년치 돈은 받고 실제로는 한두 달만 신경을 쓰고 방치하는 업체가 부지기수이다.

　그렇다면 수많은 업체 중에서 어떻게 좋은 업체를 고를 수 있을까? 답은 의외로 간단하다. 이미 그 업체를 오래 써본 선배들에게 추천을 받는 것이다. 검증된 업체와 계약하면 시행착오에 들어가는 시간과 돈을 크게 절약할 수 있다.

### 네이버 광고업체가 하는 일과 예산 가이드

네이버 광고 대행업체의 서비스는 업체마다 천차만별이다. 그러므로 어디까지 맡길지, 얼마나 투자할지 미리 계획을 세워야 한다.

업체에서 제공하는 내용은 일반적으로 네이버 플레이스 최적화, 기본 키워드 광고 설정, 간단한 상품 사진 촬영이 포함된다. 블로그 체험단 연결, 네이버 지도 상위 노출 최적화까지 포함하면 대략 300~400만 원의 비용이 든다. 소규모 가게라면 업체에 기대기보다 할 수 있는 부분은 최대한 스스로 하는 것이 좋다. 도움이 필요하다면 블로그 체험단 정도는 고려해 보는 것도 나쁘지 않다. 그러나 블로거들에게 줄 디렉션, 가게의 철학과 컨셉, 타깃 고객층에 대한 정의는 반드시 사장이 직접 작성해야 한다.

일반 방문자들이 충분히 리뷰를 남기는데도 블로그 체험단 홍보를 돈 주고 쓰는 이유는 우리 가게의 철학과 포지셔닝을 정확히 전달할 수 있기 때문이다. 우리 가게가 사람들에게 어떻게 인식되고 기억될지 구체적인 내용을 전달하면 제3자가 그 글을 보고 실제로 예약을 하게 된다. 그래서 블로거들에게 줄 디렉션을 명확하게 준비해야 한다.

예를 들어 구체적인 지역(한남동), 특정한 음식 카테고리(우드 파이어), 명확한 상황(여자친구와 데이트하기 좋은 곳) 등의 키워드가 있어야 한다. 장소, 음식 컨셉, 어떤 상황에 누구와 오는 곳인지가 명확히 들어가야 그 글을 보는 잠재 고객들이 "한남동에 왔을 때 여자친구와 여기 가야겠다."는 생각을 하게 되어 실제 매출로 연결될 수 있다. 업체는 이를 바탕으로 콘텐츠를 제작하는 역할에 그쳐야 한다.

### 2) 광고 투자비 대비 매출이 4배가 되어야 하는 이유

많은 사람들이 매출액만 보고 가게가 잘된다고 착각한다. 하지만 매출액에는 가게를 운영하는 데 들어가는 인건비, 재료비, 월세 등의 부대비용이 모두 포함되어 있다. 실제 순이익은 매출의 4분의 1 정도로 봐야 한다는 것이 업계 상식이다.

반면 홍보비용은 순이익에서 나가는 피 같은 돈이다. 따라서 홍보비를 투자했을 때 매출액은 적어도 4배가 나와야 가게가 제대로 운영되고 있다고 볼 수 있다. 이 공식을 이해하지 못하면 큰 함정에 빠지게 된다. 플랫폼에 광고를 하면 매출이 오르기 때문에 치명적인 착각을 하게 된다. 마케팅을 하면 매출이 오르는 것은 사실이다. 하지만 매출이 오른다고 무작정 즐거워할 일은 아니다. 그 매출에는 각종 부대비용이 포함되어 있기 때문이다.

구체적인 예를 들어보자. 200만 원어치 광고를 해서 400만 원의 매출이 올랐다고 가정해보자. 순이익이 200만 원일까? 아니다. 400만 원의 1/4인 100만 원이 순이익이다. (어째서 1/4인지는 뒤에서 설명하겠다.) 그런데 광고비로 200만 원을 썼으니 실제로는 100만 원의 손실이 발생한 것이다. 일은 더 하고 순이익은 줄어드는 애매한 상태가 되는데, 외형 매출 금액이 오르니 마치 장사가 잘되는 것 같은 착시가 일어나는 것이다.

### 광고에만 의존해서는 가게가 성장할 수 없는 이유

불행히도 대부분의 플랫폼 시스템은 광고 비용을 지출했을 때 매출 금액이 3배 정도 나오도록 설계되어 있다. 이는 광고주가 지속적으로 광고비를 지출하도록 하는 절묘한 설정이다. 광고 효과가 있는 것처럼 보이지만 실제로는 가게 운영자에게는 손해가 되는 구조이다.

만약 지금 여러분의 가게에서 광고 비용 대비 3배의 매출이 나온다면, 현재의 운영 방식에 분명히 문제가 있다는 신호다. 투자 대비 4배의 매출을 만들기 위해서는 반드시 방문한 손님의 재방문을 이끌어야 한다.

홍보할 때만 장사가 되고 이후에는 망하는 가게들의 공통된 특징이 있다. 홍보 비용을 썼지만 방문한 손님들을 재방문하게 만들지 못했다는 것이다. 돈을 써서 광고에 투자했다면, 그때 온 손님들에게 최대한 신경을 써서 재방문률 20~30%를 만들어야 한다.

이렇게만 되면 매달 홍보 비용을 100만 원씩 쓰더라도 첫 광고 유입 손님에 기존 손님의 재방문이 더해져 계속 상승곡선을 그릴 수 있다. 이것이 바로 지속 가능한 마케팅의 핵심이다.

### 3) 재방문을 만드는 마케팅의 비밀

그렇다면 어떻게 재방문을 만들 수 있을까? 광고로 유입된 손님이 다시 찾아오게 만드는 것은 순전히 운영의 영역이다. 음식의 맛, 서비스의 질, 공간의 분위기, 직원들의 친절함 등 모든 것이 재방문 결정에 영향을 미친다.

특히 첫 방문 고객에게는 더욱 세심한 주의가 필요하다. 이들은 광고비를 들여 유치한, 소중한 잠재 단골고객이기 때문이다. 첫 경험이 좋지 않으면 광고비는 고스란히 손실이 되고, 첫 경험이 좋으면 그 이후로는 광고비 없이도 자연스럽게 찾아오는 고객이 된다.

결국 운영 마케팅의 핵심은 광고로 들어온 비용을 어떻게 지속 가능한 단골 고객으로 전환시키느냐에 있다. 이것이 제대로 이루어져야만 광고에 의존하지 않고도 안정적으로 성장할 수 있는 가게가 될 수 있다.

## 10. 마케팅은 숫자가 전부다

**1) 총 비용은 고정시키고 비율만 조정하자:**
**100만 원으로 400만 원 매출을 올리는 마케팅의 비밀**

많은 창업자들이 마케팅에서 가장 큰 실수를 저지르는 지점이 바로 여기다. "인스타그램이 대세이니까 인스타그램만 하면 되겠지.", "유튜브가 효과적이라니까 유튜브에만 올인하자."라는 식의 접근은 위험하다. 마케팅은 감으로 하는 것이 아니라 철저히 데이터를 기반으로 해야 한다.

어떤 사업을 하느냐에 따라 효과적인 마케팅 채널이 완전히 다르다. 20대를 타깃으로 하는 디저트 카페와 40대 직장인을 대상으로 하는 고급 레스토랑이 같은 마케팅 전략을 쓸 수는 없는 노릇이다. 문제는 처음 창업할 때 우리 브랜드에 어떤 채널이 가장 효과적일지 알 수 없다는 점이다. 답은 하나다. 모든 가능성을 열어두고 데이터를 통해 검증해나가는 것이다.

모든 채널을 동시에 테스트하라

초기 마케팅 전략의 핵심은 '분산 투자'이다. 한 달 마케팅 예산이 100만 원이라면, 처음에는 이를 여러 채널에 고르게 분배해서 테스트해보는 것이 중요하다. 예를 들어, 다음과 같이 예산을 배분할 수 있다.

- 인스타그램 광고: 25만 원
- 네이버 플레이스 광고: 25만 원
- 네이버 블로그 협찬: 25만 원
- 캐치테이블 배너 노출: 25만 원

이렇게 4주간 동일한 예산으로 각 채널을 운영하면서 어떤 채널에서 실제 매출 전환이 일어나는지 면밀히 관찰해야 한다. 중요한 것은 단순히 조회 수나 좋아요 수가 아니라 '실제 매출로 이어지는가?'이다. 하지만 캐치테이블을 제외하고 실제 매출로 연결되는지 여부를 알 수 없기에 손님들에게 어떤 루트로 왔는지 직접 물어보아야 한다. 손님들의 대답을 통해서 대략 어떤 채널의 효과가 높은지 알 수 있었다.

## 2) 투자 대비 수익률ROI 측정이 생명이다

마케팅에서 가장 중요한 지표는 ROI(Return on Investment), 즉 투자 대비 수익률이다. 각 채널별로 투입한 비용 대비 얼마나 많은 매출이 발생했는지를 비율로 계산하고 결과물을 보면서 계속해서 전략을 조절해 나가야 한다. 광고 효율이 높은 채널에 대한 지출 비중은 높이고 낮은 것은 과감하게 내려놓으면서 내 가게에 가장 잘 맞는 채널을 찾아 나가는 것이다.

비율 조정의 실제 적용법을 살펴보자. 각각 25만원을 투자하고 4주간 테스트한 결과, 인스타그램에서 80만 원 매출이 나오고, 네이버 플레이스에서는 120만 원, 블로그 협찬에서는 50만 원, 캐치테이블에서는 150만 원의 매출이 나왔다고 가정해보자.

**채널별 투자 대비 수익률의 예**

(단위: 원)

| 광고 채널 | A. 광고비 | B. 매출 | C. 실매출(B-A) | D. ROI(C/A) (광고제작비 제외) |
|---|---|---|---|---|
| 인스타그램 | 250,000 | 800,000 | 550,000 | 220% |
| 네이버 플레이스 | 250,000 | 1,200,000 | 950,000 | 380% |
| 네이버 블로그 협찬 | 250,000 | 500,000 | 250,000 | 100% |
| 캐치테이블 배너 노출 | 250,000 | 1,500,000 | 1,250,000 | 500% |

이 경우 광고비 총 예산 100만 원은 유지하되, 비율을 다음과 같이 조정한다.

- 인스타그램 광고: 10만 원 (최소한의 비용 지출)
- 네이버 플레이스 광고: 40만 원 (비교적 안정적인 수익)
- 네이버 블로그 협찬: 10만 원 (기본 노출 유지)
- 캐치테이블 배너노출: 40만 원 (ROI가 가장 높음)

효과가 검증된 채널에 더 많은 예산을 배정하면서도, 광고 채널을 완전히 중단하지 않는 것이 중요하다. 시장 상황은 계속 변하기 때문에 모든 채널을 최소한으로라도 유지하면서 지속적으로 모니터링해야 한다.

유의할 점은 절대적인 광고 비용을 올리는 것이 아니라 비중을 조정하는 것이다. 매출이 늘지 않으면 전체 광고비를 큰 폭으로 늘리면서 매출이 나기를 기대하곤 하는데, 돈을 무조건 많이 넣는다고 수입으로 전환되는 것은 절대 아니다. 핵심은 구매 전환이 일어날 곳에 투자를 하는 것이다. 이제 막 매장을 오픈한 가게라면 무분별하게 광고비 금액을 늘리지 말고 일정하게 유지하면서 채널 분석을 하기 바란다. 이를 통해서 최소 비용으로 최대 효율을 내는 나만의 시스템을 마련해 놓아야 한다.

캐치테이블에서 로기 광고를 집행한 사례를 분석해보자. 한 달 광고비 180만 원을 집행한 결과, 10일간 매장 노출수가 20,183에서 44,487로 24,304가 늘었다. 이로 인해 실제 매장 예약자 수는 55명이 증가했고, 10일간 313만 원의 매출 증가를 기록했다. 이를 30일 기준으로 환산하면 약 900만 원의 매출 증가이다.

여기서도 중요한 것은 '4배수 법칙'을 적용해서 검토하는 것이다. 광

### 캐치테이블을 통한 투자 대비 효율 분석

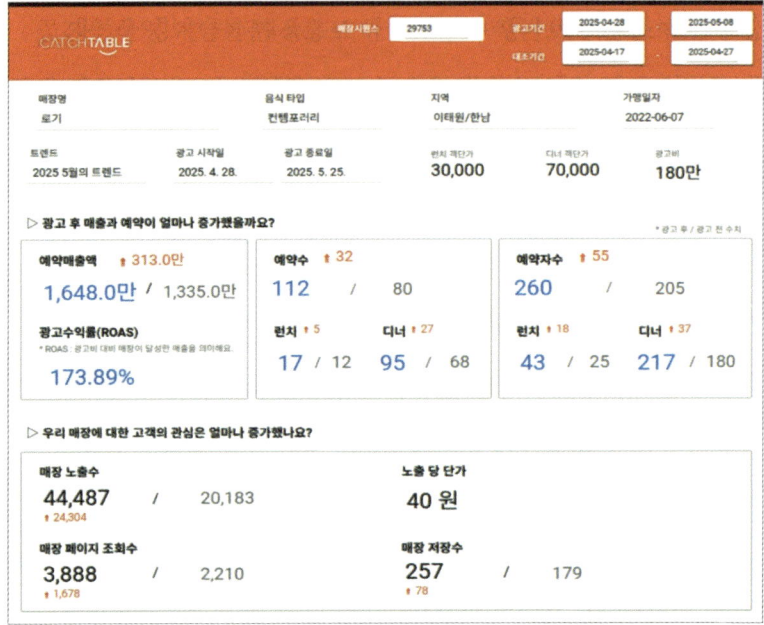

고비 180만 원으로 900만 원의 매출을 올렸다면(실매출 720만 원, 광고비 대비 ROI 400%), 실제 순이익을 고려했을 때도 충분히 효율적인 광고라고 판단할 수 있다.

### 3) 데이터 기반 의사결정의 실제 프로세스

마케팅은 숫자가 전부이다. 우리 가게 마케팅 효율도를 따져보고 싶다면 매주 다음과 같은 데이터를 체크하고 분석해야 한다.

① 채널별 전환율 분석

- 인스타그램: 광고비 1,000원당 실제 방문 고객 수
- 네이버: 클릭당 비용 대비 예약 전환율
- 유튜버 협찬: 조회수 대비 실제 매장 언급 횟수
- 캐치테이블: 프리미엄 노출 대비 예약 증가율

② 시간대별/요일별 매출 패턴 파악

일별 매출 분석을 통해 가장 매출이 적은 요일을 파악하여 정기 휴무 기준으로 삼는다. 시간별 매출 평균을 보고 한가한 시간대에는 어떤 프로모션이나 이벤트를 진행할지 고민한다. 바쁜 시간대에는 왜 그 시간이 바쁜지 원인을 파악하여 이를 다른 시간대에도 적용할 방법을 찾는다.

③ 메뉴별 판매량 및 수익성 분석

캐치테이블이나 POS 시스템을 통해 메뉴별 판매량을 정확히 파악한다. 가장 적게 팔리는 메뉴에 대해서는 보완이나 대체를 고민하고, 인기 메뉴는 더욱 부각시키는 마케팅을 진행한다.

④ 계절성과 트렌드를 반영한 전략 수정

데이터 분석에서 놓치기 쉬운 부분이 바로 계절적 요인이다. 특정 메뉴의 수요가 늘어나고 줄어드는 데에는 계절적인 원인도 있다. 수치 변화만 볼 것이 아니라 매장을 둘러싸고 있는 다양한 변화의 요인들도 복합적으로 분석하여 변화의 원인을 찾는 통찰력이 필요하다.

로기에서는 여름철에는 주로 시원한 와인(샴페인, 소비뇽 블랑)이나 냉파스타 같은 메뉴를 적극 홍보하고, 겨울철에는 따뜻한 분위기의 단체 모임 룸을 강조하는 식으로 계절에 맞는 고객 니즈를 파악하며 대응하고 있다.

⑤ **공휴일이나 특별한 날 계산**

크리스마스나 밸런타인데이처럼 특별한 날에도 부지런히 대비해야 한다. 이런 날에는 다른 때보다 손님이 몰릴 것이 예상되므로 직원 스케줄을 조정하고, 해당 시기에 맞는 특별 프로모션을 기획해서 매출을 올릴 기회를 놓치지 말아야 한다.

## 팀원과의 데이터 공유 시스템

분석한 데이터는 혼자만 알고 있어서는 안 된다. 매주 또는 매월 팀원들과 공유하여 모든 직원이 우리 가게의 상황을 정확히 파악할 수 있도록 해야 한다. 서빙 직원도 언제 가게가 바빠지고 왜 메뉴를 바꾸는지 등 전반적인 상황을 이해해야 고객 응대나 서비스에서 이를 적절하게 활용할 수 있다.

마케팅은 감각이나 직감이 아니라 철저한 데이터 분석을 바탕으로 해야 한다. 매주, 매월 숫자를 체크하고 그에 따라 전략을 수정해나가는 것. 이것이 바로 100만 원으로 400만 원 매출을 올리는 마케팅의 비밀이다. 중요한 것은 '무엇이 대세인가.'가 아니라 '내게 무엇이 효과적인가.'를 찾아가는 과정이라는 점을 잊지 말자.

# 11. 마케팅에도 레버리지가 필요하다

**1) 마케팅의 가장 강력한 무기, 입소문**

　마케팅에서 가장 강력한 무기는 바로 '입소문'이다. 아무리 좋은 광고를 만들어도 친구나 지인의 추천 한 마디를 이기기는 어렵다. 그런데 많은 사업주들이 입소문을 단순히 '운'이나 '우연'으로 생각한다. 하지만 입소문은 충분히 설계할 수 있고, 체계적으로 만들어낼 수 있다. 이것이 바로 마케팅 레버리지의 핵심이다.

　전통적인 마케팅은 사업주가 직접 돈을 쓰면서 고객에게 다가가는 방식이었다. 하지만 레버리지 마케팅은 고객이 우리를 대신해서 홍보해주도록 하는 구조를 만드는 것이다. 한 명의 고객이 열 명, 스무 명에게 우리 가게를 알려준다면 그보다 효율적인 마케팅이 어디 있겠는가.

사람들은 아무리 좋은 내용도 광고로 노출이 되면 의심하지만, 실제 누군가가 직접 경험한 이야기에는 신뢰를 갖게 된다. 특히 SNS 시대에는 이런 현상이 더욱 두드러진다. 큰돈을 들여 멋들어지게 만든 광고에는 반응을 하지 않아도 보통 사람들이 올린 후기에는 더 신뢰를 갖게 된다. 실제로 성공한 외식업체들을 분석해보면, 공통점 하나를 발견할 수 있다. 바로 고객들이 자발적으로 SNS에 올리고 싶어하는 '무언가'가 있다는 점이다. 이것이 바로 우리가 설계해야 할 부분이다.

**시대에 따라 변하는 홍보 매체의 트렌드**

2010년대 초반만 해도 포토 존이 대세였다. 예쁜 배경을 만들어놓으면 사람들이 사진을 찍어서 페이스북이나 인스타그램에 올렸다.

지금은 트렌드가 바뀌었다. 정적인 사진보다 역동적인 짧은 영상이 훨씬 더 관심을 받는다. 틱톡, 인스타그램 릴스, 유튜브 쇼츠 등 짧은 영상 플랫폼이 주류가 되면서, 사람들은 더 이상 완벽한 사진을 위해 오랜 시간 포즈를 잡지 않는다. 10~15초짜리 재미있는 영상 하나가 수만 명에게 도달할 수 있는 시대가 되었다.

이런 변화를 놓치고 여전히 예쁜 인테리어와 포토 존에만 의존하는 가게들은 점점 뒤처지고 있다. 중요한 것은 시각적 아름다움이 아니라 '영상으로 찍었을 때 재미있고 흥미로운가?'이다.

## 2) 입소문도 설계 방정식이 있다

　와튼스쿨 마케팅학 교수 조나 버거는 〈컨테이저스: 전략적 입소문〉(문학동네, 2013)에서 사람들이 무언가를 공유하게 만드는 핵심 원리를 발견했다. 사람들은 무언가 놀라운 감정을 느꼈거나, 재미난 스토리를 발견했을 때, 혹은 남들에게 나누어 주면 좋을 유용한 정보를 담고 있다고 생각될 때 이야기를 퍼트린다. 혹은 남들이 모두 하고 있는 것처럼 보이는 것, 일상에 깊이 관여되어 자동적으로 떠오르는 것에 대해 이야기하기 좋아한다. 그리고 이 정보를 공유하면 자신이 뭔가 남들보다 특별한 사람처럼 느끼게 만들어주는 것에 더욱 열정적으로 공유하려고 한다.

　레스토랑은 공간이 주는 시각적 요소와 요리에서 오는 화려한 이미지 특성상 오감을 자극하여 강력한 감정을 불러일으키기에 최적의 조건을 갖추고 있다. 로기는 감성의 법칙과 소셜 화폐의 법칙을 공략해서 설계했다.

### 감성Emotion의 법칙: 레스토랑의 최강 무기

　파급력이 강한 콘텐츠는 감성을 자극한다. 그것이 긍정적인지 부정적인지보다 놀라움을 불러일으키는지가 중요한 요인으로 작용한다. 놀라움, 즐거움, 신기함과 같은 감정은 사람들로 하여금 그 순간을 기록하고 공유하고 싶게 만든다. 로기에서는 바로 이 점을 자극했다. 로기에서 차가운 아이스크림과 훈연 맛을 결합해 예상치 못한 맛을 느끼게 하고 동시에 스모킹 건으로 하얀 연기가 접시를 가득 채우는 시각적 임팩트를 제공해, 고객에게 '와!'하는 순간적 감탄을 자아냈다. 이런 감정적 각성이 스마트폰을 꺼내게 만들고, 영상을 찍게 만들고, SNS에 올리게 만드는 원동력이 되었다.

**소셜 화폐Social Currency의 법칙 : 내가 아는 특별한 곳**

사람들은 타인에게 좋은 인상을 남기고자 다양한 이야기를 공유한다. 남들보다 먼저 새롭고 신기한 정보를 알고 있다면, 이것을 다른 사람들에게 전달하며 내가 앞서가는 사람이라는 느낌을 받기 때문에 공유하고 싶은 충동을 느낀다. 이는 '나만 아는 숨은 맛집'이나 '핫한 신상 카페'를 소개할 때 느끼는 자부심과 연결된다. 로기는 고객들이 우리 가게를 친구들에게 추천할 때 자신이 트렌드에 민감하고 안목이 있는 사람으로 보일 수 있도록 하는 것이 중요하다고 생각했다. 단순히 '맛있다'를 넘어 '특별하다', '독특하다', '새롭다'는 인상을 주는 것이 우리의 전략이었다. 다른 곳에서는 맛볼 수 없는 특별한 메뉴를 계속 개발하는 것이 바로 이 때문이다.

### 3) 완벽하지 않아도 괜찮다: 진정성의 힘

여기서 중요한 포인트가 하나 있다. 고객들이 찍는 영상은 완벽하지 않아도 된다는 것이다. 사람들에게 전문적으로 제작된 광고 영상보다 일반인이 스마트폰으로 찍은 영상이 더 큰 파급력을 가질 때가 많다. 진정성 때문이다. 과도하게 연출된 광고에는 피로감을 느끼지만, 실제 고

고객의 감탄이 입소문으로 이어진 스모크 아이스크림

객이 찍은 생생한 영상에는 관심을 보인다. 흔들리는 화면, 완벽하지 않은 앵글, 자연스러운 감탄사 등이 오히려 더 믿을 만한 콘텐츠로 받아들이는 것이다.

따라서 목표는 '완벽한 광고'가 아니라 어설프더라도 고객들이 찍은 영상이 많이 돌아다닐 수 있도록 '찍고 싶게 만드는 순간'을 연출하는 것이다.

**지속가능한 레버리지 마케팅**

이러한 입소문 마케팅을 내기 위해서는 한 번의 화제, 한 번의 이벤트로 끝나지 않아야 한다. 사람들은 끊임없이 새로운 것을 찾고 있다. 레스토랑에서도 지속적으로 새로운 요소를 추가해서 신선한 소재를 제공해 주어야 한다. 로기에서는 계절마다 다른 연출을 준비하고 신메뉴 출시와 함께 새로운 퍼포먼스를 내보여 고객들이 계속해서 콘텐츠를 만들 수 있도록 유도하고 있다.

중요한 것은 이 모든 것이 자연스럽게 이루어져야 한다는 점이다. 억지로 만든 연출은 오히려 역효과를 낼 수 있다. 우리 브랜드의 정체성과 조화를 이루면서도 고객들이 자발적으로 기록하고 싶어하는 순간을 만드는 것. 이것이 바로 진정한 마케팅 레버리지다.

결국 가장 효과적인 마케팅은 고객이 해주는 마케팅이다. 우리는 단지 손님들이 우리를 자랑하고 싶어하는 이유를 만들어주면 된다.

## 4장
## 다시 찾아오고 싶은 레스토랑은 이렇게 만들어진다

## 12. 단점투성이의 작은 매장을 살리는 방법

2022년 로기가 처음 문을 열었을 때 매장은 겨우 7평짜리 작은 공간이었다. 주방과 직원들이 일하는 공간을 제외하면 실제 손님들이 식사를 할 수 있는 공간은 3평이나 될까. 가파른 언덕길에 있는 7평짜리 매장. 작은 공간에 손님용 의자를 11개 정도 놓으니 손님들은 옆 사람과 몸이 닿을 정도였다. 누가 이런 곳에서 비싼 돈을 내고 음식을 먹을까. 객관적으로 따지자면 이 공간에서 장사가 안될 이유는 수도 없이 많았다. 누군가는 이런 상황을 장사가 안될 수밖에 없는 단점이라고 느꼈을 것이다. 하지만 나는 '될 수 있는 방법'을 찾기로 했다.

### 1) 욕망을 팔아라: 7평 공간에서 고급 와인을 파는 법

고급 와인을 마신다면 보통 널찍한 공간에 럭셔리한 인테리어가 구비된 화려한 공간을 상상한다. 로기의 현실은 럭셔리와 거리가 멀었다. 제한된 자금, 좁은 공간. 로기가 가진 한계는 분명했다. 어떻게 해야 여기서 코스 음식을 먹고 고급 와인을 마시는 매장을 만들 수 있을까?

나는 누가 이런 높은 금액대의 소비를 할 수 있을지 고민했다. 일반적으로 생각할 수 있는 사회적 지위가 높은 사람들은 골목에 와서 돈을 쓰지 않을 것이다. 그다음으로 가능한 고객군을 생각했다. 바로 '이성과 데이트에 성공하고 싶은 남자'였다. 그렇다. 큰돈을 버는 데에 섹슈얼 비즈니스는 빼놓을 수 없는 것이다.

켈리 최는 40대에 사업 실패로 10억 원의 빚을 졌다가, 도시락 사업으로 유럽에서 5,000억 원대 부자가 된 사람이다. 그의 일대기를 담은 〈파리에서 도시락을 파는 여자〉(다산북스, 2021)에서, 켈리는 경기가 좋지 않아도 사람들이 포기하지 않는 산업에 세 가지가 있다고 했다. 바로 장례 관련 산업, 요식업, 그리고 마지막이 섹스 관련 산업이다. 그중 짝짓기와 관련이 있는 세 번째 사업은 인간의 가장 원초적인 욕구이자 인생의 중대사에 관련된 일이다. 남성들은 이때만큼은 돈을 쓰는 데에 있어서 아낌이 없다. 그리고 이는 내 사업에 적용하기에 안성맞춤이었다.

### 2) 단점이 장점이 되는 마법: 데이트 맛집으로 소문나다

이렇게 해서 내세운 셀링포인트가 바로 남녀의 데이트 장소였다. 데

붉은색 조명의 로기 내부

이트를 할 때 남녀에게 필요한 것은 마음이 가까워지는 것만 아니다. 몸이 가까이 있어야 마음도 가까워지는 법이다. 11개의 좌석이 다닥다닥 붙어있는 로기에 오면 의도하지 않아도 같이 온 이성과 가까이 밀착하여 앉게 되었다. 게다가 검정색 배경의 어두운 공간에서 붉은 빛의 조명을 받으면 서로에게 섹슈얼한 느낌을 느끼게 된다.

　밀착해서 앉은 남녀는 분위기에 취했고, 우리는 와인을 계속 따라줬다. 소개팅으로 와서 서먹서먹하던 커플들은 분위기를 타서 이성에게 더 가까이 다가갈 수 있게 되었고, 어색하던 분위기는 어느새 강렬한 호감으로 바뀌었다. 그렇게 데이트에 성공한 사람들이 하나둘 늘어나서 로기는 한남동 데이트 맛집으로 자리매김하게 되었다. 저 가게에 가면 소개팅이 무조건 성공한다는 소문이 빠르게 퍼지기 시작한 것이다.

　이렇게 로기는 업장으로 단점이던 좁은 공간을 남녀가 가까워지는 장소로 어필하여 장점으로 승화시켰다. 개중에는 매번 다른 데이트 상대를 데리고 오는 사람도 있었으니, 그만큼 이곳이 데이트하면 반드시 거쳐가야 할 필수 코스가 되었다는 방증(!)이기도 했다.

## 13. 오픈하자마자 3개월치 예약이 밀리는 가게가 될 수 있었던 비법

로기가 오픈 당시 인기를 얻었던 것에는 섹슈얼한 분위기를 조성하려는 전략이 잘 먹히기도 했지만, 매장 운영을 세심하게 관리한 것도 빼놓을 수 없다. 오픈 당시에는 직원 한 명과 둘이서 가게를 운영했다. 그래서 매장의 모든 디테일을 다 챙길 수 있었다. 로기는 오픈 6개월까지 캐치테이블 리뷰 평점 4.9를 유지하고 있었는데 사람들 사이에서는 '리뷰가 200개인데 어떻게 평점이 4.9일 수 있냐.'며 소문이 나는 바람에 더 많은 사람들이 찾아왔다. 유명한 것이 유명한 것을 만들었던 셈이다. 게다가 운이 좋게도 인플루언서들이 방문해서 내준 입소문은 들불처럼 번졌다. 로기는 오픈한 지 얼마되지 않아 3개월치 예약이 밀리는 가게가 되었다.

### 1) 큰 만족이 작은 불편을 상쇄시키도록

당시 7평대 로기는 좁은 데다 입구의 문은 뻑뻑하고 잘 열리지 않아 온 힘을 다해야 겨우 여닫을 수 있었다. 이런 작은 불편함이 하나하나 쌓여 손님들의 만족도를 결정짓는 것이기에, 작은 문제는 작은 문제가 아니었다. 나는 고객들이 어떤 불편함도 느끼지 못한 채 만족스러운 기분으로 매장을 나가도록 하는 것을 목표로 삼았다. 손님이 이 문을 자동문처럼 느끼도록 하고 싶었다. 여러분 같으면 이런 상황에서 어떻게 문제를 해결할 것 같은가? 손님이 들어오고 나갈 때, 나는 삐걱거리는 문을 내가 직접 열어주고 닫아주었다.

좁은 매장 특성상 화장실이 바와 가까이 붙어있어 화장실을 이용하는 사람이나 바에 남아 있는 사람이나 서로 민망한 상황이 연출될 수 있었다. 우리는 화장실 내에 잔잔한 음악이 흐르도록 해서 소변 소리가 묻히도록 했고, 바에는 화장실 안의 소리가 들리지 않을 만큼 음악을 크게 틀었다.

좁은 매장은 분명 불리한 상황이었다. 이 상황을 인정하고, 어떻게 더 나은 상황을 만들지 생각해야 했다. 손님들의 만족도를 높이기 위해 음악을 전략적으로 사용하기로 했다. 나는 클럽처럼 모두가 즐길 수 있는 바를 만들고 싶었다. 그래서 어떤 음악을 틀 것인지 매우 중요했다. 매장 오픈 전에 이태원에서 활동하는 DJ를 섭외했다. DJ의 조언에 따라 공간 평수에 맞추어 음향 효과가 좋은 스피커와 앰프를 배치했다. 그리고 시간대별로 계절별로 음악을 따로 설정했다. 로기 매장 음악은 초저녁 리스트, 늦저녁 리스트, 여름, 겨울 리스트가 다 따로 있었다.

개업 초반에는 손님을 1차와 2차로 나누었다. 1차에 오는 초저녁 손님은 식사를 하러 오는 반면, 8시 이후에 오는 늦저녁 손님은 주로 술과 안주 위주로 주문했다. 시간대 별로 분위기가 달라야 테이블 회전률을 올릴 수 있을 것이라 예상했다. 그래서 마치 다른 장소에 온 것 같은 기분을 느낄 수 있도록 음악을 달리 선곡했다. 손님들의 반응도 좋아서 개업 초반에는 새벽 서너 시까지 영업을 하며 매출을 올렸다.

음악은 시간대별로 매장의 분위기를 달리 하는 역할도 하지만 별관과 본관, 화장실과 바의 공간을 분리시키고 서로 겹치지 않게 하는 용도로도 쓰였다. 선곡이나 볼륨도 공간의 용도에 따라 달리했다. 음악으로 공간의 색깔, 공간의 느낌을 만들기 위해서였다.

나중에 확장한 별관은 4명 이상의 테이블이 주를 이루면서 서로 나누는 이야기가 잘 들리도록 하는 것이 중요했다. 그래서 본관처럼 핫한 분위기의 음악이 아니라 클래식한 재즈 계통의 음악이 흐르게끔 했다. 공간의 쓰임새에 따라 음악도 달리 쓴 것이다. 이렇게 음악으로 공간마다 특성을 만들면, 별관에 왔던 손님이 목적에 따라 본관을 찾아오기도 하고 본관에 왔던 손님이 별관을 찾기도 한다. 목적에 따라 전혀 다른 색깔의 공간을 경험할 수 있기에 재방문으로 연결된 것이다.

# 14. 매출보다 손님의 만족도가 우선이다

**1) 관찰하고 또 관찰하라**

다시 방문하고 싶은 매장이 되는 방법을 이야기할 때면 나는 무조건 '손님을 관찰하라.'고 말한다. 그러면 사람들은 음식 만들고, 서빙하고, 계산하기도 바빠 죽겠는데 손님까지 어떻게 관찰하냐고 한다. 언제 물을 달라고 하는지, 언제 일어날지, 언제 계산할지 이런 기본적인 것 이외에 손님을 관찰한다는 생각은 거의 못하는 듯하다. 그렇다면 당신은 매장 운영의 절반을 놓치고 있는 것이다. 손님을 관찰하면 손님에게 무엇이 필요한지 알고 그것을 적시에 채워줄 수 있다.

데이트 코스로 로기를 성공시킨 데에는 붉은 조명과 밀착된 좌석 배치가 한몫을 톡톡히 했다. 하지만 이는 기본이 되는 세팅일 뿐 이것만으로 매출이 높아지는 것은 아니다. 이곳에 온 사람들이 좋은 경험을 하고 다시 방문하고 싶도록 만들어야 매출이 높아질 수 있다.

로기가 데이트 코스로 입소문이 났다면 커플들이 성공하도록 만드는 것은 나의 또다른 목표였다. 매장의 목표가 매출 확보만으로 끝나는 것이 아니라 실제 고객들의 만족도를 따지는 나만의 목표가 있었던 것이다. 당시는 알지 못했지만 알고 보니 기업에서는 이것을 따로 지칭하는 용어가 있었다. 북극성 지표North Star Metric, NSM이다.

단순히 매출, 이익 등만으로 성과를 측정하는 핵심 성과 지표(KPI 지표)와 달리, 북극성 지표는 실제 고객이 서비스를 통해서 얻는 만족도나 가치를 한눈에 보여주는 지표이다. 스포티파이는 음악 청취 시간이 북극성 지표이고 에어비앤비는 예약된 숙박일수가 북극성 지표이다. 마찬가지로 넷플릭스는 주간 시청 시간, 우버는 완료된 탑승수가 기준이 된다. 로기에서는 커플들의 성사 여부나 접대 받는 사람들의 만족도를 내 나름의 북극성 지표로 삼았다. 손님들을 관찰해서 그분들이 어떻게 해야 이 매장에서 보낸 시간을 만족하고 돌아갈 수 있을지 면밀히 관찰하고 또 관찰했다.

### 2) 손님이 만족해야 매출이 늘어난다

서빙을 할 때면 손님이 눈치채지 못할 정도로 관찰을 하면서 지금 이 커플이 어떻게 진행되고 있는지 확인했다. 소개팅을 한 커플인 경우 분위기가 좋아 보인다면 용기가 필요한 분께 와인을 한 잔씩 서비스로 제공했다. 예를 들면 남성이 여성을 좋아하는 듯한데, 좀 더 적극적으로 행동해야 할 것 같다 싶으면 남자분한테 와인 한 잔을 서비스로 드렸다. 반대로 여성이 남성을 마음에 들어 하는 상황이면 여성께 와인을 한잔 더 서비스로 드렸다. 이도 저도 아니라면 여성께 더 드렸다. 왜냐하면 보통 여성이 기분이 좋아질 경우 관계가 호전될 가능성이 더 높기 때문이다. 대화가 한참 무르익고 있는데 남은 음식이 거의 없다면 서비스 음식을 하나 드렸다. 그러면 대화를 이어 나가기 위해서 와인을 더 주문하기도 한다.

여기서 짚을 점은 만족도를 측정할 때, 핵심적인 인물을 중심으로 만족도를 측정해야 한다는 것이다. 커플이 음식점을 찾아왔을 때, 남성과 여성 중 누구를 만족시켜야 한다고 생각하는가? 남성도 여성도 아니다. 정답은 예약한 사람이 데려온 사람이다. 그 만남의 성공 여부는 보통 예약자가 아니라 예약자가 데리고 온 사람의 반응에 따라 결정되기 때문이다. 소개팅을 한다면 소개팅 파트너가, 비즈니스 미팅을 한다면 결정권자를 만족시키는 것이 중요하다. 6명이 비즈니스 미팅을 예약했다고 할 경우, 모두 다 만족하고 가면 좋겠지만 그중에서도 특히나 '접대를 받는 사람'이 만족하는 것이 중요하다. 예약자는 접대자에게 "여기 누가 자리 잡았냐, 너무 센스 좋다." 라는 이야기를 들었다면 그 미팅은 성공한 것이다. 예약자는 이 한마디에 모든 목적을 다 달성한 꼴이 될 것이다.

매장을 예약한 사람은 보통 그 자리를 준비한 목적이 있고 만족시켜

2인을 위한 정찬

야 할 대상이 있다. 그러니까 우리는 예약자가 방문한 목적을 달성하도록 해줘야 한다. 그렇기에 손님이 왔을 때는 그들이 이곳에 온 목적이 무엇이고, 누가 만족해야 모두가 만족하는지를 체크해 보도록 하자.

### 3) 공짜로 주는 것을 아까워하지 말라

기억할 것은 서비스를 주는 것을 아까워하지 말아야 한다는 점이다. 무료 와인을 넘치도록 주는 우리 매장을 보면서 다른 가게 사장들은 어떻게 그렇게 장사를 하냐고 물어본다. 손님이 만족하면 가게가 성공한다는 것은 운이 좋아서 가능한 것이지, 당장에 공짜 음식을 주면 그만큼 이익이 떨어지는데 어떻게 그렇게 통 크게 서비스를 쏘냐고 말이다.

실제로 인터넷 카페인 아프니까 사장이다 사이트에는 불경기로 힘든 것을 호소하는 글이 자주 올라오는데 그중 인상깊은 사연이 있었다. 손님을 하나도 받지 못해 파리를 날리는 치킨집에 10명이 넘는 단체 손님이 왔다. 그런데 10명이 치킨 한 마리를 먹으며 무려 4시간을 앉아 있었다는 것이다. 맥주 한 잔 시키지도 않고 무료로 주는 단무지를 10번도 넘게 리필해갔다고 했다. 쫓아내고 싶은 마음이 굴뚝같았는데, 어떻게 했어야 하냐고 하소연을 했다. 댓글에는 당장 쫓아내라, 염치도 없다, 그런 손님은 차라리 받지 말아라 하고 난리가 났다.

나는 다르게 생각했다. 10명의 손님이 지금은 손가락을 빨고 앉아 있지만, 내가 친절하게 대접해서 우리 가게에 만족하고 돌아가 언젠가 가족들을 데리고 온다고 생각해 보라. 40명의 잠재적 손님이 생기는 것

아닌가. 단무지를 10번 준다 한들 돈도 얼마 안 든다. 텅 빈 매장을 매워 주는 손님들을 고맙게 여기고 정성껏 대우해 주는 것이 길게 보았을 때 가게를 성공시키는 비결이다.

장사를 할 때는 단기적인 수익만을 바라봐서는 안된다. 고객이 만족하면 훗날 더 큰 수입을 가져다줄 것이다.

2023년 로기
왼쪽부터 배수인, 정영제, 박준승, 박성희

# 5장
## 혼자 힘으로 성공할 수 있는 사람은 아무도 없다

## 15. 사람 관계는 나뭇가지처럼 뻗어나간다

**1) 가게의 성공을 좌우하는 단골손님은 어떻게 만들어지는가**

성공적으로 가게를 운영하고 있는 셰프를 보면 자기만의 무기가 있다. 어떤 셰프는 여행지에 온 것 같은 인테리어로, 어떤 셰프는 전국 어디서도 볼 수 없는 높은 가성비로, 어떤 셰프는 화려한 볼거리로 사람들을 사로잡는다. 로기의 무기는 특별한 맛과 분위기 등등을 들 수 있지만, 안정적인 운영을 할 수 있었던 진짜 이유는 바로 '관계판매'이다.

가게가 살아남는가 못 살아남는가를 결정짓는 것은 결국 '단골손님'이 얼마나 있는지에 달려있다. 단골손님은 우리 매장을 경험하고 만족해서 다시 찾아오는 사람을 뜻한다. 매장 경험에 만족하고 이 가게와 특별한 인연을 맺은 사람은 다시 가게를 찾아오게 되어 있다. 일반적으로 맛이나 위치 등으로 손님들이 계속 찾아오게끔 만드는 전략을 쓰는 반면, 나는 손님 개개인과 가게가 특별한 인연을 맺으면서 단골로 만드는 전략을 썼다.

〈잘 파는 사람은 무엇이 다른가〉(오아시스, 2024)의 저자 김남희는 관계판매란 단순히 제품을 팔아 넘기는 것이 아니라, 고객과의 관계를 우선시하는 영업 방식을 말한다고 한다. 이 책 속 짐 캐스카트의 말을 빌자면, '관계판매는 다른 사람들을 돕는 것이며, 그 결과로 판매자가 자기 이익을 얻는 것이다. 진정으로 사람들에게 도움을 줄 때, 당신은 단지 물건을 판매하는 것이 아니라, 고객들과 신뢰와 충성도를 구축한다.'고 한다.

즉, 상대방의 장기적인 성공에 관심을 갖고 함께 성장하는 관계를 만들어 가는 것이다. 사실 내가 관계판매라는 개념을 알게 된 것은 아주 최근의 일이다. 나는 전혀 의도하지 않았지만 본능적으로 사람과의 관계를 통해서 가게를 운영해 왔다는 것을 최근에 알게 되었다.

## 2) 손님이 데려오는 손님의 힘

손님이 매장을 방문하게 되는 경로를 생각해보자. 우연히 지나가다 들린 사람, 광고를 보고 호기심에 방문해본 사람들 정도일 것 같다. 그런데 조금 더 따져 보면 '손님이 데려오는 손님'이 있다. 음식점은 혼자 오지 않고 누군가와 함께 오기 때문이다.

로기의 초기 고객층이었던 커플들이 소개팅 명소로 만들어준 것이 대표적인 예다. 여성에게 잘 보이고 싶은 남성들이 고급 와인을 소비하며 특별한 시간을 보내고, 그 경험이 좋았던 이들은 지인들에게 추천하며 또 다른 지인들을 데려왔다.

우리 매장을 자주 오는 사람이 새로운 손님을 데려오는 영업사원이 되어 준 것이다. 그렇기에 한 번 방문한 손님에게 좋은 인상을 남기는 것은 너무나 중요하다. 만약 그 손님이 데려오는 손님 또한 이곳에서 좋은 인상을 받을 수 있다면, 가게에 오는 손님의 숫자는 기하급수적으로 늘어날 것이다.

### 3) 사람 관계는 나뭇가지처럼 뻗어나간다

한 명의 사람을 더 알게 되는 것은 개인적인 친분을 쌓는 것을 넘어 그가 가진 네트워크 전체와 연결될 가능성을 의미한다. 나는 손님들에게 맛있는 음식이나 좋은 분위기를 제공해 주는 것을 넘어, 지금 이들에게 필요한 것이 무엇인지를 상상하고 제공하려고 노력한다. 그래서 내가 직접적으로 제공해 줄 수 있는 것을 넘어서 도움을 줄 수 있는 적절한 사람을 연결해 주는 노력도 마다하지 않는다.

우리 매장에 오는 손님 중에는 사업을 하는 사람도, 행사를 주관하는 사람도 있다. 이런 분들은 보통 사업체를 홍보해줄 사람을 필요로 한다. 대화를 하다 보면 그분들이 무엇을 필요로 하는지 알 수 있다. 나는 우리 매장에 자주 오는 인플루언서나 사진 작가들을 이들에게 소개해 준다. 그러면 크리에이터들은 나로 인해 일자리를 얻게 되고, 홍보가 필요했던 사람은 좋은 사람을 소개받아 목적을 달성하게 되었으니 서로가 윈윈하는 상황이 된다.

물론 모든 손님들과 긴밀한 관계를 맺을 수 있는 것은 아니다. 여유로운 시간대에 오신 분들, 그리고 특별히 로기에 더 관심을 많이 보이는 손님과 대화를 나누게 된다. 하지만 나는 되도록 한 분 한 분을 기억하고 그들에게 필요한 것이 무엇인지를 알고 도움을 줄 수 있는 연결고리를 맺으려고 노력한다.

평면적으로 바라보면 그냥 손님이지만, 각자의 가치를 알고 관계를 맺는다면 서로에게 도움이 될 수 있는 관계가 형성된다. 손님들과의 대화를 통해서 서로를 성장시켜주는 관계가 되자 로기는 단순한 음식점이 아니라 사람과 사람을 연결하는 관계의 허브가 되었다. 이는 로기를 운영하는 나에게도, 이곳에 오는 손님들에게도 마찬가지였다. 로기에는 고정적으로 오는 손님들이 점점 늘어났다. 이것이 바로 로기가 꾸준한 매출을 유지할 수 있는 핵심 비결이다.

### 4) 우리는 사람과의 관계에서 보이지 않는 공을 주고받는다

시골 작은 동네에서 태어나 한남동에서 월 매출 2억 레스토랑을 운영하기까지 숱한 어려움과 고비들이 있었다. 어려서는 가난했고, 커서는 낯선 서울에 올라와 박봉을 견디며 일했다. 몸을 아끼지 않고 일하면 어디선가 그것을 알아봐 주고 나를 도와주는 사람들이 나타났다. 호주에서 일할 때는 나를 자식처럼 돌봐주시던 하숙집 주인들이 계셨고, 서울에 와서는 나를 좋게 보시고 기꺼이 추천을 해 주셨던 사장님들이 계셨다.

이런 수많은 사람들의 호의를 공짜로 얻기를 바라지는 않았다. 내가 돈을 받고 일하는 곳에서라면 그 돈이 단 몇 푼이더라도 최선을 다해서 일했고, 그것이 돈을 받고 일하는 사람의 도리라고 생각했다. 호주 하숙집에서는 청소나 정리라도 할 수 있는 한 도와드렸다. 도움을 받았다면 혹은 도움을 받고 싶다면, 먼저 상대방에게 무엇을 줄 수 있을지 생각했다. 그리고 내가 할 수 있는 것, 베풀 수 있는 것을 먼저 찾아 아낌없이 행하고, 베풀었다. 마음으로 베푸는 것이든 노동으로 베푸는 것이든 나는 이것을 '보이지 않는 공을 상대방에게 던진다.'라고 생각한다.

내가 어떤 사람을 소개해서 일자리를 구하게 도와주었다면 나는 그 사람에게 공을 던진 것이다. 그 사람은 내게 공을 돌려줘도 되고 돌려주지 않아도 된다. 그것은 온전히 그 사람의 몫이다. 내가 손님에게 와인 한 잔을 공짜로 주면 나는 그 사람에게 공을 던진 것이다. 그 사람이 다시 내게 공을 돌려줄지는 그 사람의 선택이다.

공을 던진다고 해서 모두 되돌려 받거나 나는 내가 할 수 있는 최선의 것을 제공하고 가능성의 씨앗을 뿌려둔 셈이다. 상대가 비옥한 토양이면 이 작은 씨앗이 싹을 틔우고 열매를 맺어서 큰 나무로 성장할 가능성을 가지고 있다. 척박한 토양이라면 씨앗을 아무리 많이 뿌려도 어떤 일도 일어나지 않을 것이다. 다만 내가 아무것도 시도하지 않았다면 아무 일도 일어나지 않았을 것이다.

공을 던져 좋은 점은 큰 나무가 될 수 있는 가능성을 품고 있다는 점이다. 큰 나무가 되지 않아도 좋은 점은 또 있다. 내 마음이 편안하다는 것이다. 내 마음을 괴롭게 하는 사람이 있으면 나는 한 번 더 베푸는 편이다. 미운 놈 떡 하나 더 준다는 속담처럼 베풀면서 내 마음 속에 상대방에 대한 좋은 마음을 심는다. 이러면 상대방은 나를 미워할지언정 나에게는 그를 미워하는 마음이 남지 않아 마음이 편하고 가벼워진다. 안 그래도 이것저것 할 일이 많은데 누군가를 미워하는 마음까지 안고 가기는 너무 벅찬 일이다.

# 16. 권한 위임은 경영의 핵심이다

**1) 오프라인 매장의 한계를 넘어서기 위해서 필요한 것**

작은 가게라도 운영하는 데에는 많은 일손이 필요하다. 인스타그램도 운영해야 되고, 블로그도 운영해야 하고, 와인 리스트, 메뉴 개발, 매장 관리, 신선한 재료 구입, 이웃 가게와의 네트워킹 등이 모두 필요하다. 작은 가게일수록 돈이 없기 때문에 사장 혼자서 이 모든 것을 다 해내려고 한다. 그래서 매장이 작은 곳일수록 사장은 눈코 뜰 새 없이 바쁘기 마련이다. 물론 사장은 가게에 관련한 것이라면 모든 일을 할 수 있어야 한다. 나 또한 모든 일을 다 할 줄 알기 때문에 누가 빠지더라도 내가 투입되면 일이 돌아가는 데에 문제가 없다.

하지만 비용을 아끼려고 사장이 모두 다 직접 하려고 들면 한 발자국도 진도가 나가기 어려울 것이다. 스티브 잡스가 말했다, 경영은 오케스트라라고. 누가 무엇을 하는 것이 좋을지 알고 이 역할을 잘 위임해야 경영자로서 나아갈 수 있다고 말이다.

사장은 전체 매출을 키우기 위해서 고민해야 하는 사람이다. 그리고 오프라인 매장의 한계를 넘어선 수익을 만들기 위해서는, 결국 가게를 운영하면서 외부활동을 통해서 수익을 창출해 낼 수 있어야 한다. 내가 인플루언서 활동을 하는 것도, 외부 케이터링 서비스를 제공하는 것도, 방송활동을 하는 것도 모두 사장이 매장에 없어도 가게가 돌아가는 데에 문제가 없다는 전제 하에 가능한 것이다. 내가 하는 모든 일을 직원이 대신할 수 있어야 외부 활동을 할 수 있고, 그래야 물리적인 장소의 한계를 뛰어넘는 매출을 낼 수 있다.

이렇게 추가적으로 만들어 낸 수익으로 직원들에게 더 큰 보상을 제공하면 같은 시간을 일하더라도 다른 가게보다 더 높은 연봉을 제공해 줄 수 있다. 직원들 입장에서는 노동에 대한 대가를 더 높게 받을 수 있다.

## 2) 우리 몸에도 감가상각이 있다

권한 위임을 해야 하는 이유는 더 있다. 우리 몸이 언제까지나 20대, 30대 같지 않기 때문이다.

요리 학교를 졸업하고 일하는 친구들 중에는 레스토랑에서 직원으로 일하는 사람도 있고, 리스크를 줄이기 위해 1인 기업의 사장(이자 종업

원)으로 일하는 사람도 있다. 1인 기업의 사장은 가게 운영의 첫 단계이지만 평생 그렇게 살 수는 없다. 가장 큰 리스크는 내가 아프거나 일할 수 없으면 가게가 망한다는 것이다. 특히나 양식, 일식, 와인 바 같은 가게를 운영하기 위해서는 체력이 받쳐줘야 하는데 30년 동안 내가 계속 건강하다는 보장은 없다.

결국 내가 아프고 일을 할 수 없어도 가게가 돌아가기 위해서는 시스템을 구축하는 것이 필수적이다. 학교에서 디저트 수업을 같이 들은 어떤 친구는 매장을 시스템으로 운영하고 있다. 30대 초반의 나이에도 불구하고 직원이 40~50명이고 맞춤 제작하는 커스텀 케이크로 국내 매출 1위를 기록하며 연 40~50억 매출을 내고 있다. 그 친구는 모든 것을 직접 하려고 하지 않으며, 필요한 전문가들의 도움을 받는 데에 주저함이 없다. 실제로 나도 일을 하는 데에 있어서 가장 중요하게 여기는 부분이 '나보다 그 일을 잘 할 수 있는 사람'을 찾아서 위임하는 것이다. 이런 성향은 학창시절부터 시작되었다.

### 3) 나보다 그 일을 더 잘할 수 있는 사람에게 맡겨라

대학 시절 조별 활동을 할 때, 다른 친구들은 우정이나 의리를 강조하며 친한 친구들과 같은 조를 이루거나, 아니면 단순히 실력이 좋은 친구를 데려오려고 했다. 나의 계산법은 달랐다. 요리를 잘하는 사람으로 팀을 꾸리기보다, 단순한 일이라도 자신의 강점을 살려 맡은 일을 잘 해낼 수 있는 사람으로 팀을 꾸리는 것이 더 중요하다고 생각했다. 당시 나는 어벤저스처럼 각자의 특기를 살린 팀을 꾸렸다. 각자 맡은 역할은 아주 명확했다.

복학생 형은 부잣집 아들이라 당시에 드물게도 차를 갖고 있었다. 덕분에 우리가 연습에 필요한 식자재를 살 때 형의 차를 빌려 시간을 크게 단축할 수 있었다. 늦게 입학한 누나 한 명은 사회 생활 경험이 있어 PPT 자료 작성과 발표를 전문적으로 해냈다. 늦깎이 이모님은 중간중간 배가 고플 때 맛있는 도시락을 싸 오셨다. 다른 조 친구들이 컵라면과 삼각김밥으로 끼니를 때울 때 우리는 늘 영양가 있는 식단으로 체력을 유지할 수 있었다. 힘이 센 친구는 과제에 필요한 무거운 물건들을 나와 함께 나르고 정리하고 청소하는 역할을 맡아주었다.

우리는 서로 다른 역할을 완벽하게 해냈다. 그래서 학창 시절 내내 이 어벤저스팀과 함께한 수업에서는 대부분 A를 놓친 적이 없었고, 모두가 결과에 만족했다. 이 경험을 통해 나는 각자가 지닌 장점을 최대한 활용할 수 있는 포지션에 일을 배분했을 때 가장 큰 시너지가 일어난다는 것을 배웠다. 또한 재주가 다른 사람끼리 뭉쳐야 배가 산으로 가지 않는다는 귀중한 교훈도 얻었다.

이것을 사업에 적용해서 세무나 회계, 사진 촬영이나 SNS 운영 등에 있어서 외주를 맡기고 나는 내가 할 수 있는 일에 더 집중하는 방식으로 운영하고 있다. 그리고 레버리지를 극대화하기 위해서는 나보다 그 일을 더 잘할 수 있는 사람을 찾아서 위임을 할 줄 아는 것이 성공의 핵심이라고 생각한다.

# 6장
# 요즘 레스토랑 사장은 매장에만 있어서는 안 된다

## 17. 사장도 브랜드의 일부이다

외식업체를 선택할 때 많은 사람들이 온라인에서 정보를 얻는다. 재미있는 사실은 최근에는 사장의 개인 SNS를 확인하는 사람들도 늘고 있다는 점이다. 요즘은 레스토랑 자체의 매력만큼이나 사장이 누구인지도 중요해졌다. 사람들은 레스토랑을 운영하는 사람은 어떤 사람인지, 어떤 생각을 가지고 있는지 이야기를 듣고 싶어한다. 그렇기에 사장이 자신을 드러내는 것은 레스토랑의 운영과 밀접한 관련이 있다.

### 1) '누가' 하는지가 중요해진 세상

나는 회사 계정의 인스타그램에 더해 개인 계정의 인스타그램도 운영하고 있다. 회사 계정에서는 주로 새로운 메뉴를 소개하고, 농장에서 직접 가져오는 좋은 식재료의 수확 과정, 로기에서 선보이는 와인에 얽힌 이야기를 한다. 로기에서 제공하는 음식과 운영 방식에 대한 신뢰를 얻기 위해서다. 개인 계정의 인스타그램에서는 인플루언서로서 개인적인 활동에 관한 이야기를 친근하게 풀어내고 있다. 재미있는 것은 레스토랑 공식 계정의 팔로워는 1.1만(2025년 6월 기준)인데, 개인 계정은 1.5만 팔로워를 보유하고 있다는 사실이다. 실제로 각종 협찬과 홍보 요청도 공식 계정보다 개인 계정을 통해 더 많이 들어온다. 레스토랑보다 레스토랑 운영자에 관심이 더 많다는 것을 보여주는 예이다. 앞으로 더 이런 현상은 가속화될 것으로 보인다.

소비자들은 더 이상 제품만 사지 않는다. 그 제품을 만든 사람의 이야기와 철학을 함께 구매한다. 밀레니얼과 Z세대 소비자들은 창업자나 대표의 가치관을 중요하게 고려한다는 데이터나 기사를 많이 볼 수 있다. 이제는 가게를 운영하는 사람이라면 적극적으로 나서서 자신의 이야기를 전달할 필요가 있다.

### 2) 개인정보가 아닌 가게에 도움이 되는 콘텐츠를 올려라

주의할 점이 있다. 사장 개인의 이야기를 올린다고 해서 오늘 쇼핑한 이야기, 맛집에 간 이야기처럼 시시콜콜한 일상을 나열하라는 것이 아니다. 회사가 성장하는 데 도움이 되는 내용을 올려야 한다. 사생활과 비즈니스는 분리해야 한다. 사람들이 궁금해하는 건 내 개인적인 일상이 아니라, 내가 어떤 전문성을 가지고 있고 어떤 가치를 제공할 수 있는지이기 때문이다. 실제로 소비자들은 전문성을 보여주고 신뢰할 수 있는 정보를 제공하는 콘텐츠에 더 매력을 느끼고 이는 실제 구매 결정에도 영향을 준다고 한다. 그래서 개인 SNS에서도 되도록 가게에 관련된 것, 신뢰도를 높일 수 있는 포인트만 남겨놓도록 해야 한다.

내가 샴페인 회사의 인플루언서로 활동하고, 흑백요리사와 같은 방송에 나가는 것도 이 같은 맥락에서 한 활동이다. 많은 사장들이 "요리만 잘하면 되지 개인 SNS까지 신경 써야 하나."라고 생각할 수 있다. 시대가 바뀌었다. 좋은 음식을 만드는 것은 기본이고, 그것을 어떻게 알리고 어떻게 사람들에게 다가가느냐에 따라 성패가 좌우된다.

### 3) 일상 속 전문성 드러내기

많은 사장들이 "나는 특별한 것도 없는데 뭘 올리지?"라고 고민한다. 그런데 메뉴 개발을 위해 고민하는 과정, 직원들과 소통하는 방식도 당신만의 스토리가 된다. 중요한 건 거창한 이야기가 아니라 진정성이기 때문이다. 고객들은 완벽한 모습보다 진짜 모습에 더 매력을 느낀다.

"오늘 새로운 파스타 소스를 15번째 시도했는데 아직 만족스럽지 않다."는 솔직한 이야기가 "신메뉴 출시!"라는 뻔한 홍보 글보다 훨씬 인간적이고 매력적으로 다가온다. 이런 과정을 보여주는 것 자체가 브랜드의 신뢰도를 높이는 강력한 도구가 된다.

그러나 내가 감당할 수 있는 선에서 활동하는 것이 좋다. 무리해서 매일 올리려다가 번아웃이 올 수 있다. 개인 브랜딩은 단거리 달리기가 아닌 마라톤이다. 나도 SNS를 운영하고는 있지만 부담이 가지 않는 선에서 포스팅을 올리고 있다. 지속 가능해야 유지할 수도 있기 때문이다.

또한 일관된 톤 앤 매너를 유지하는 것이 중요하다. 오늘은 진지하고 내일은 장난스럽다면 팔로워들이 혼란스러울 수 있다. 나만의 캐릭터를 설정하고 그것을 꾸준히 유지하는 것이 핵심이다.

### 4) 가장 큰 차별화는 사장 자체이다

요즘은 무엇이든 상향평준화 되어 있다. 웬만한 음식점을 가도 음식의 맛이나 내부 인테리어, 서비스 수준이 꽤나 만족스럽다. 그렇기 때문에 차별화 없이는 살아남을 수 없다. 레스토랑 운영을 잘 하는 것은 기본이고 그 위에 나만의 색깔, 나만의 스토리가 있어야 한다. 그리고 그것을 사람들에게 어떻게 전달하느냐가 관건이다.

사장이 인플루언서가 되어야 한다는 말이 부담스럽게 들릴 수도 있다. 이는 유명해지자는 말이 아니다. 유명해지는 것 자체에는 분명 부작용이 따른다. 과도한 관심, 악성 댓글, 사생활 침해 등은 유명인사들이 호소하는 어려움이기도 하다. '유명해지는 것' 자체가 아니라 '레스토랑의 가치를 잘 전달하는 것' 이 핵심이다. 본질을 잃지 않고 꾸준하게 소통해 나가면 나를 통해서 레스토랑의 가치를 잘 전달할 수 있고, 이를 통해 인지도가 높아지면 자연스럽게 고객 유입이 늘어나고, 협업 기회도 많아지기 때문이다. 사장의 SNS 활동을 너무 개인적이고 사적인 방향으로 끌고 나가지 않으면 큰 문제는 되지 않을 것이다. '내 브랜드를 스스로 만들고, 내 가치를 사람들에게 전달하기'에 집중하자.

이제는 매장 안에서만 열심히 일하는 것으로는 한계가 있다. 온라인을 통해서 매장 밖의 사람들과 적극적으로 소통하고, 내 이야기를 들려주고, 내 전문성을 인정받기를 바란다. 그래야 성장할 수 있다.

# 18. 레스토랑 밖에서 수익을 만들 요소들을 찾아야 한다

 셰프라는 직업은 겉보기에 화려하지만 실은 박봉에 시달린다. 흑백요리사 방송이 한창 인기를 끌 무렵, 유명 셰프가 인터뷰를 하면서 꿈에 그리던 '내 가게'를 차리고 낼 수 있는 최대 매출은 월 1억에 불과하다고 했다. 매출은 1억인데 수익은 매출의 10%~15%, 파인 다이닝 레스토랑의 수익은 5% 혹은 그 아래이다. 믿기 힘들다고? 식재료비만 해도 30%에 육박하고, 인건비 30%, 월세 10%, 전기나 수도 요금, 부가세, 발렛 비용 등 각종 고정비 5%, 후드 모터나 믹서기 교체, 음식물 찌꺼기와 기름때로 막힌 배관 청소비 등 기타 비용 5%, 거기에 마케팅비 10%까지 지출해야 하기 때문이다.

 내 가게를 꿈꾸던 사람들에게 찬물을 끼얹는 발언이지만 냉엄한 사실이다. 이런 사정은 파인 다이닝을 하는 미슐랭 스타 셰프들도 마찬가지이다. 훌륭한 가게를 운영하는 오너셰프들도, 적자를 메꾸기 위해 다른 일을 해야 하는 상황에 이르는 경우도 많다. 오죽하면 미슐랭 3스타인 안성재 셰프도 가게를 운영하며 적자를 면하기 어려웠다고 하지 않았는가.

오프라인 매장에서 낼 수 있는 최대 매출은 정해져 있다. 매장의 평수와 객석 수가 정해져 있기 때문이다. 가게를 잘 운영하는 것에 만족한다면 계속 가게 운영에만 집중하면 된다.

하지만 더 큰 수준의 매출을 원한다면 매장 밖에서 매출을 끌어올릴 수 있는 것들을 찾아야 한다. 즉, 가게에서 내는 수익 외에도 다른 수익의 파이프라인을 만들어야 한다. 이것은 내가 로기를 오픈하기로 결심한 때부터 함께 고민한 것이다. 나는 고객을 유치하기 위해 외부 케이터링, 밀키트 사업, 인플루언서 활동, 콜라보레이션 등을 구상했다.

## 1) 외부 케이터링으로 추가 수익을 만들다

로기가 도심 속 캠핑장이라는 컨셉을 내세울 때부터 염두에 두었던 비즈니스 모델은 외부 케이터링이다. 한남동에는 마당과 루프탑이 있는 주택이 많다. 케이터링 서비스를 즐길 만한 조건이다. 로기는 외부 케이터링으로 연 3,000만 원의 매출을 만들기도 했다. 나 혼자 매장을 운영했다면 불가능했을 것이다. 케이터링을 하기 위해서는 우선 사장의 일을 대신할 직원이 있어야 한다.

루프탑 파티를 위한 케이터링 작업

야간 케이터링 작업

## 2) 밀키트 사업으로 자동수익구조를 만들다

밀키트는 매장에서 인기 있는 메뉴를 집에서도 똑같이 재현할 수 있도록 패키징한 상품으로, 시공간의 제약을 완전히 벗어날 수 있는 비즈니스 모델이다. 코로나19 팬데믹을 겪으며 집에서 요리하는 문화가 확산되고, 동시에 레스토랑의 맛을 집에서도 즐기고 싶어하는 니즈가 폭발적으로 증가했다. 밀키트 사업은 한 번 제품을 개발하면 지속적으로 판매할 수 있다. 매장에서 하루에 서빙할 수 있는 고객 수는 한계가 있지만, 밀키트는 전국 어디든 배송이 가능하고 시간대의 제약도 없다. 로기는 자체 개발한 독특한 바베큐 소스나 마리네이드 레시피를 담은 밀키트로 차별화할 수 있었다.

## 3) 인플루언서 활동도 또다른 파이프라인이 된다

수익이 그리 크진 않지만, 인플루언서 활동 역시 수익의 파이프라인이 될 수 있다. 종종 개인 계정으로 광고 협찬이 들어오곤 한다. 짐빔 하이볼 팝업 행사에서는 하이볼과 어울리는 피자 조합을 소개하고, 모엣 샹동의 타임키퍼로서 샴페인과 어울리는 케익 세팅과 코스 음식을 개발하는 등 각 브랜드 주류에 어울리는 메뉴를 소개하며 로기에서 갈라디너를 진행하기도 하였다.

외부 콜라보레이션 행사도 진행했다. 다른 업계와 협업하여 새로운 시장에 진출하고 브랜드 인지도를 확장하는 전략이다. 예를 들어 캠핑용품 브랜드와 콜라보해서 캠핑장에서 바베큐 체험 이벤트를 진행하거나, 호텔이나 리조트와 협업해서 야외 바베큐 파티를 기획하였다. 이런 콜라보는 일회성 수익에 그치지 않고 새로운 고객층을 발굴하고 브랜드 가치를 높이는 마케팅 효과도 얻을 수 있다. 콜라보 파트너의 고객들에게 로기라는 브랜드를 자연스럽게 노출시킬 수 있어 장기적인 매출 증대에도 기여한다.

마지막으로 매장 내 행사 유치가 있다. 매장에서 대관 행사를 한다는 것은 그날의 최소 매출이 보장된다는 말이다. 매장에 온 손님들과 정기적인 모임을 만들거나, 사장들의 모임을 주선하면 가게를 기점으로 사람들과 유대를 강화하고, 매장의 매출도 높일 수 있다. 이렇게 기회를 창출하는 방법은 언제나 사람을 만나는 것에서 시작된다.

# 7장

# 보이지 않는 곳에서 흘린 땀은
# 언젠가 빛을 발휘한다

## 19. 나는 이력서를 내서 취업한 적이 한 번도 없다

여기까지 말하고 나니, 내 소개를 해야겠다는 생각이 든다.

나는 1993년 창원에서 태어났고, 2014년 마산대 호텔 조리학과를 졸업했다. 재학 중 입대해 취사병으로 제대한 뒤, 교환학생으로 호주에 가서 미슐랭과 동급의 가치를 지닌 햇 어워드Hat Award 2햇을 보유한 아리아Aria 레스토랑에서 2년간 일했다. 2016년 한국으로 돌아와 채낙영 셰프가 운영하는 광화문의 소년 서커스에서 일하다가, 2018년까지 이준 셰프가 운영하는 미슐랭 2스타 레스토랑인 스와니예에서 일했다.

그 후 김호윤 셰프가 연 모퉁이우 라이프RIPE에서 수셰프sous-chef(부주방장)로 일했다. 용산의 해방촌에 있는 아시안 퓨전 레스토랑 사테SATE의 수셰프, 청담동 아스트랄Astral에서 헤드 셰프(총주방장)로도 일했다. 2022년 한남동에서 레스토랑 로기를 오픈하고, 2024년에는 까타를 열어 현재 레스토랑 두 곳을 운영하고 있다.

2024년 흑백요리사 시즌 1에 출연해 1호 탈락자가 되었지만 실패 스토리로 많은 관심을 이끌어 냈고, 상당한 성과를 냈다고 자부한다.

- 풀무원 협업 – 파스타, 우대갈비 코스트코 전국 지점 납품
- 특허 받은 스모크 아이스크림 밀키트 – 편의점 납품
- 세계 최대 규모의 샴페인 브랜드 모엣 샹동 타임키퍼
- 레스토랑 로기 월 매출 최대 2억 원, 2024 캐치테이블 TOP100 선정
- 인스타그램 2.5만 인플루언서 (로기 계정과 개인 계정 총합)

등이 지금까지 이룬 성과이다.

### 1) 이직할 회사를 추천해 달라고 당당히 말할 수 있었던 이유

나는 지금까지 이력서를 내서 취업한 적이 한 번도 없다. 언제나 누군가의 추천으로 새로운 직장에 들어갔고, 심지어 그만둔다고 할 때도 사장님이 다른 곳을 알아봐 주었다. 이 이야기를 하면 사람들은 "인맥이 좋았다."고 말한다.

하지만 내가 당당하게 사장님께 이직할 회사를 추천해달라고 말할 수 있었던 진짜 이유는 다른 데 있다. 바로 내가 매출에 얼마를 기여하

는지 정확히 아는 직원이었다는 점이다. 단순히 시키는 일만 하는 직원이 아니라, 회사의 수익 창출에 구체적으로 기여하는 직원이었기 때문에 누구든 나를 놓치고 싶어하지 않았던 것이다.

### 박봉에서 시작된 절실함

처음 일을 시작했을 때, 정말 박봉이었다. 월급으로 먹고살 수가 없을 정도였다. 그럼에도 불구하고 나는 그 곳에서 가장 많은 돈을 받고 싶었다. 1년 뒤 연봉 협상 때 유리한 고지를 점하고 싶었고, 어떻게든 월급을 더 받아야겠다고 생각했다.

방법은 하나뿐이었다. 회사의 매출을 높이는 것, 내 가치를 숫자로 증명하는 것이었다. 시키는 일을 하는 것은 기본이고, 월급 받은 것 이상의 엑스트라를 고민해서 제안했다. 그 엑스트라의 방향은 언제나 매출 상승을 향해 있었다.

### 2) 매출에 기여한 구체적인 방법

매출을 올리기 위해서는 전략이 필요했다. 주어진 일은 한두 시간 일찍 끝내고, 나머지 시간은 온전히 매출을 올리기 위한 방법을 고민하고 실행하는 데 썼다. 내가 개발한 메뉴, 내가 직접 나가 홍보한 결과로 손님이 더 들면, 내가 기여한 부분을 수치로 측정할 수 있었다.

새로운 메뉴를 개발해 월 매출이 300만 원 증가했다면, 그것은 명백히 내 기여분이었다. 근처 상가에 전단지를 돌리거나 SNS 홍보를 해서 신규 고객이 늘어났다면, 그 증가분 역시 내 몫이었다. 이렇게 구체적인 수치로 내 가치를 보여줄 수 있었기 때문에 사장에게 연봉 협상을 할 때 더 당당하게 요구할 수 있었다.

물론 일을 벌이는 나를 다른 직원들은 싫어했다. 그럴 수밖에 없다고 생각한다. 기존의 업무 방식을 바꾸고, 새로운 일을 만들어내니 그들에게는 부담이 될 수밖에 없었다. 하지만 나는 목표가 분명했다. 그것은 더 많은 돈을 벌고, 더 인정받는 직장인이 되는 것이었다.

**연공서열의 벽과 전략적 이직**

아무리 일을 잘해도 한계는 있었다. 한국의 연공서열 문화 때문에 선배들이 있으면 내가 받을 수 있는 연봉에는 한계가 있었다. 매출 기여도가 높아도 승진에는 제약이 따랐고, 연봉 인상폭도 제한적이었다.

그래서 나는 1~2년마다 전략적으로 이직을 결정했다. 하지만 내 이직은 남들과 달랐다. 내가 일하던 곳의 사장님이 직접 이직할 곳을 추천해주거나, 같이 일하던 셰프님이 스카우트를 제안했다. 심지어 내가 대표님께 이직 의사를 밝히면, 그분이 지인을 소개해주기도 했다.

이것이 가능했던 것은 내가 그동안 열심히 일한 것에 대해 당당했기 때문이다. 내 기여도가 명확했고, 내가 열심히 한 만큼 대표님은 나를 도와줬다. 내가 가고 싶었던 곳이 있다면 기꺼이 추천서를 써주거나 소개를 해주셨다.

**3) 추천받는 직장인이 되는 핵심 원칙**

내 경험을 통해 깨달은 것은, 추천받는 직장인이 되기 위해서는 세 가지 원칙이 필요하다는 것이다.

첫째, 내 기여도를 숫자로 증명하라. 단순히 "열심히 했다."가 아니라 "내가 했을 때 매출이 얼마나 늘었다."를 말할 수 있어야 한다. 구체적인 수치는 어떤 추상적인 표현보다 강력하다.

둘째, 주어진 일 이상을 하라. 월급은 기본 업무에 대한 대가다. 더 많은 것을 원한다면 더 많은 가치를 만들어내야 한다. 나는 항상 "어떻게 하면 회사에 더 도움이 될까?"를 고민했고, 그 고민을 실행으로 옮겼다.

셋째, 전략적으로 움직여라. 무작정 이직하는 것이 아니라, 내 가치를 인정받을 수 있는 곳으로 이동하는 것이다. 그러기 위해서는 현재 직장에서 충분히 실력을 증명하고, 좋은 관계를 유지하며, 적절한 타이밍을 기다려야 한다.

**이력서보다 강한 추천의 힘**

이력서는 나를 모르는 사람에게 나를 소개하는 도구일 뿐이다. 하지만 추천은 이미 나의 가치를 아는 사람이 다른 사람에게 나를 보증하는 것이다. 어떤 것이 더 강력한지는 명확하다.

내가 이력서 없이도 계속 좋은 곳으로 이직할 수 있었던 것은 운이 아니었다. 매 순간 내 가치를 증명하고, 회사에 실질적인 도움이 되는 직원이 되려고 노력했기 때문이다. 그 결과 나를 놓치고 싶지 않은 사람들이 생겼고, 그들이 나를 더 좋은 곳으로 연결해준 것이다.

당신도 지금 당장 시작할 수 있다. 내가 회사 매출에 얼마나 기여하고 있는지 계산해보라. 그 숫자를 높이기 위해 무엇을 할 수 있는지 고민해보라. 그리고 그것을 실행에 옮겨라. 그때 비로소 당신도 추천받는 직장인이 될 수 있을 것이다.

# 20. 최고의 직원은 사장의 고민을 덜어준다

**1) 무의식적 관찰이 만든 특별한 능력**

    매장을 운영할 때 손님들의 고민을 파악해 해결해주며 만족도를 높였던 이야기를 한 적이 있다. 당시에는 그저 자연스럽게 한 일이었는데, 나중에 알고 보니 업계에서는 이를 '관계영업'이라고 부른다는 것을 알게 되었다. 그리고 중요한 사람들의 고민이 무엇인지 파악하고 이를 해결해주려는 노력은 오래전부터 배어있던 습관임을 깨달았다.

    이 습관은 직원으로 일할 때도 마찬가지였다. 나는 특유의 관찰 능력으로 항상 사장이 무엇을 고민하고 있는지를 세심하게 살펴보고 고민했다. 아침에 출근하면 기분이 어떤지, 노트북으로 어떤 작업을 하고 있는지, 인스타그램을 통해 누구를 만나고 있는지, SNS에 어떤 콘텐츠를 올리는지, 주로 보는 채널은 무엇인지 같은 세세한 것들을 꼼꼼히 관찰했다.

딱히 의식적으로 한 일이 아니었다. 나는 무의식적으로 항상 사장을 관찰하고 있었다. 그리고 이렇게 수집한 정보들을 바탕으로 본격적으로 사장의 고민을 덜어주는 작업에 들어갔다.

단순히 관찰하는 것에서 그치지 않았다. 질문하기 전에 충분히 고민하고 질문을 던졌다. 사장이 고민하고 있는 것에 대해 직접 여쭤보기도 하고, 예상 질문과 예상 답안을 미리 준비해서 질문을 던지기도 했다.

## 2) 사장의 문제를 함께 고민하는 직원

이런 접근이 빛을 발한 곳이 스와니예였다. 이곳에서는 매 시즌마다 스토리를 담은 메뉴를 개발했다. 나는 이준 셰프님이 한국적인 것을 현대적으로 재해석하려고 노력하는 것을 관찰했고, 여기서 '고조리서古調理書' 아이디어를 제안했다. 셰프님도 마침 그런 생각을 하고 있었다고 흔쾌히 받아 주시면서 이를 기반으로 한 메뉴를 개발할 수 있었다.

조선 왕실과 사대부가에서 전해 내려오는 음식을 기록한 옛 문헌에 나오는 전통 조리법을 계승하되, 현대적인 재료를 사용하고 파인 다이닝이 추구하는 극한의 칼질을 적용했다. 이 프로젝트를 위해 셰프님은 규합총서閨閤叢書, 음식디미방飮食知味方, 산가요록山家要錄 등등 고문헌을 찾아보면서 메뉴를 개발했다. 각기 다른 고조리서에서 영감 받은 음식을 코스 메뉴로 냈는데, 이것이 입소문을 타다가 한국을 대표하는 음식문화로 꼽혀 한식진흥원에서 '고조리서를 재해석한 한식'이라는 영상까지 제작하게 되었다. 스와니예는 품격 높은 음식을 제공하는 레스토랑으로서 스포트라이트를 받게 된 것이다. 나는 조금이나마 가게의 성공에 기여할 수 있었다는 것을 기쁘게 생각한다.

광화문 D타워의 소년 서커스에서는 또 다른 도전이 있었다. 채낙영 셰프는 어떤 메뉴가 점심 메뉴로 잘 팔릴까, 이 지역 상권에서 사람들이 원하는 것은 무엇일까, 주방 동선을 어떻게 하면 효율적일까 등을 항상 고민했다. 직원으로서 나는 사장의 고민을 해결해야겠다고 생각했다.

당시 나의 생각은 이러했다. 주변 직장인들이 식사를 하러 오는 것이니 '밥'으로 든든하게 배를 채울 수 있게 해야 하고, 무조건 5분 안에 음식이 나와야 한다. 다들 점심은 빨리 먹고 들어가는 길에 커피 한 잔 하면서 쉬는 것을 원하지, 점심시간 한 시간을 몽땅 밥 먹는 데 쓰고 싶지는 않을 테니까 말이다.

그래서 낸 아이디어가 '리조또 베이스로 만든 아란치니'였다. 올리브유에 살짝 볶은 쌀을 육수로 익혀 치즈 따위로 풍미를 낸 리조또에 튀김옷을 입혀 아란치니를 준비해 두었다. 주문이 들어오면 그 즉시 기름에 튀겨, 소스만 뿌리면 손님에게 서빙할 수 있었다.

5분 안에 손님에게 음식을 낼 수 있고, 적은 인원으로도 효율적으로 일할 수 있는 최적의 안이었다. 이 메뉴가 채택되자 손님들의 반응도 좋고 판매량도 높아 아예 점심 세트 메뉴로 발전시키기도 했다. 스타터로 아란치니를 내고 파스타와 메인 요리로 이어지는 세트는 상당한 인기를 끌었다.

이후에 모퉁이우 라이프에서는 아예 셰프님의 분신이 되었다. 그 사람처럼 생각하고 그 사람의 아바타가 되었을 때 비로소 헤드 셰프가 될 수 있다는 것을 깨달았다. 처음에는 셰프님이 하는 모든 것을 그대로 따라했고, 그것이 완성된 후에 내 색깔을 입히려고 노력했다.

이런 방식으로 나는 27살에 수셰프가 될 수 있었다. 내가 많은 것을 처리해주니 셰프님의 일이 훨씬 편해졌다. 그 뒤 김호윤 셰프님은 새로운 프로젝트를 제안하기도 했다.

**3) 관찰의 기술, 실전 적용법**

이런 경험을 통해 깨달은 것은 관찰과 문제해결 능력이 단순한 기술이 아니라는 점이다. 이는 상대방에 대한 진정한 관심과 배려에서 시작된다.

첫째, 상사를 끊임없이 관찰하라. 상사의 표정, 말투, 행동 패턴을 세심하게 관찰하되, 이를 단순한 호기심이 아닌 문제 해결의 단서로 활용하라.

둘째, 관찰한 내용을 바탕으로 전략적으로 질문하라. "이 부분을 고민하시는 것 같은데, 제가 이런 방식으로 접근해보면 어떨까요?"라고 하면 매우 효과적이다. 이때 A, B, C 안을 준비해서 상사가 선택할 수 있도록 하는 것이 좋다. 각 안의 장점과 단점을 정리해서 가져가고 선택은 상사가 하도록 하라!

셋째, 상사의 아바타가 되어라. 그 사람의 관점에서 생각하고, 그 사람이 원하는 방향으로 일을 처리할 수 있게 되면 신뢰가 급격히 쌓인다.

넷째, 모방 후에 차별화를 시도하라. 처음부터 개성을 드러내려 하지 말고, 완벽하게 상사의 스타일을 구현한 후에 점진적으로 자신만의 색깔을 더해가라.

**일반 직원에서 파트너로**

이렇게 능력치가 쌓였을 때 사장들은 더 이상 나를 일반 직원과 동일하게 여기지 않았다. 나는 문제를 만드는 직원이 아니라 문제를 해결하는 파트너가 되어 있었다. 상사가 고민할 필요 없이 알아서 처리해주는 사람, 심지어 상사보다 먼저 문제를 발견하고 해결책을 제시하는 사람이 된 것이다.

단순히 일을 잘하는 것을 넘어서 상대방의 고민을 읽고 선제적으로 해결해주는 능력. 이는 어떤 업종, 어떤 직급에서도 적용 가능한 보편적인 성공 법칙이다.

당신도 지금 당장 시작할 수 있다. 오늘부터 상사의 표정을 유심히 관찰해보라. 어떤 일로 고민하고 있는지 파악해보라. 그리고 그 고민을 덜어줄 수 있는 방법을 찾아 제안해보라. 그때부터 당신은 단순한 직원이 아닌, 없어서는 안 될 파트너가 될 것이다.

## 21. 나는 레고 블록처럼
## 사장으로서 필요한 능력치를 쌓아나갔다

로기를 오픈했을 때 사람들은 어떻게 그렇게 과감하게 시작할 수 있었냐고 묻는다. 솔직히 말하면, 한 번도 힘들다는 생각을 해본 적이 없었다. 왜냐하면 그동안 레고 블록을 쌓듯 사장으로서 필요한 모든 능력을 하나씩 준비했기 때문이다.

나는 항상 "내가 사장이 되면 어떻게 할까?"를 생각하며 일했다. 막연한 꿈이 아니라, 정말로 레스토랑을 운영하게 되면 무엇을 알아야 하고, 어떤 능력이 필요한지 구체적으로 상상하며 그에 맞는 경험들을 찾아 나섰다.

### 블록 1 | 비즈니스 감각 익히기 – 호주 아리아에서

호주의 2햇 레스토랑 아리아에서 일할 때, 나는 '일머리'에 집중했다. 파인 다이닝 레스토랑이 어떻게 돌아가는지, 어떤 시스템으로 운영되는지를 눈여겨봤다.

아리아는 상위 1%를 대상으로 하는 고급 레스토랑이다. 최고급 식자재를 사용하고, 손이 많이 들어가는 요리를 낸다. 일반 식당보다 많은 요리사가 있기 때문이다. 또 손님 수만큼 많은 직원이 있으므로 디테일한 접객이 가능했다. 당연히 아리아의 음식은 대단히 비쌌다. 그러나 재료와 직원 수를 생각하면 매장 내 수입만으로 충분한 수익을 낼 수 없었다. 그래서 고품격을 내세우는 외부 행사나 케이터링, 방송 활동으로도 수익을 창출했다.

레스토랑 사장이 되려면 단순히 요리를 잘하는 것으로는 부족하다. 전체적인 운영을 파악해야 하고, 효율적인 업무 프로세스를 만들 줄 알아야 한다. 아리아에서 나는 고급 레스토랑의 기준이 무엇인지, 그 기준을 유지하면서도 수익을 내는 방법이 무엇인지를 배웠다.

매일 주방에서 일하면서도 식자재 발주부터 직원 관리, 고객 응대 상황을 체크하면서 "내가 사장이라면 이 상황을 어떻게 해결할까?"를 끊임없이 생각했다. 이 모든 것들이 나중에 레스토랑을 운영할 때 밑천이 되었다.

### 블록 2 | 완벽주의와 디테일 - 스와니예에서

스와니예는 객석 수는 적지만 직원이 많은 미슐랭 레스토랑이었다. 여기서 나는 디테일한 테크닉과 완벽주의가 무엇인지를 몸으로 배웠다. 0.1cm 단위의 칼질, 2~3일에 걸쳐 졸인 소스라도 최고의 선도와 맛이 아니면 폐기하고 다시 만들며 모든 음식에 완벽을 기하기 위해 요리사들은 총력을 기울였다. 레스토랑을 운영하려면 품질에 대한 철학이 있어야 한다. 어디까지 완벽을 추구할 것인가, 어떤 부분에서 타협하지 않을 것인가, 이런 기준이 명확해야 직원들에게도 일관된 메시지를 전달할 수 있다.

나는 한 접시의 음식을 위해 얼마나 많은 정성과 시간을 투자해야 하는지를 배웠다. 그리고 그런 완벽주의가 단순한 고집이 아니라, 고객에게 최상의 경험을 제공하기 위한 필수 조건이라는 것을 깨달았다. 나중에 로기를 운영할 때 품질에서 타협하지 않을 수 있었던 것도 이때의 경험 덕분이다.

### 블록 3 | 재료에 대한 근본적 이해 - 봉화 해오름 농장과 준혁이네 농장에서

경북 봉화의 해오름 허브농장에서 한 달간 생활한 것은 내 인생에서 가장 특별한 경험 중 하나였다. 많은 요리사들이 식재료의 특성은 알아도, 그 식재료가 어떻게 자라는지는 모른다.

레스토랑을 운영하려면 식자재에 대한 깊은 이해가 필요하다. 단순히 좋은 재료를 구입하는 것이 아니라, 언제 어떤 재료가 가장 좋은 상태인지, 어떤 조건에서 키워진 재료가 최상의 품질을 갖는지를 알아야 한다.

여름에 수확한 과일과 허브들은 단맛이 더 나고 겨울에 수확한 과일과 허브는 신맛이 난다. 나는 시골 농장에서 허브 하나하나가 어떤 환경에서 자라고, 어떤 시기에 향이 가장 진한지를 몸으로 익혔다. 이런 경험은 메뉴를 개발할 때 창의적 아이디어의 원천이 되었고, 협력 농장을 선택할 때도 중요한 기준이 되었다.

### 블록 4 | 하이엔드 서비스의 정수 – 모퉁이우 라이프에서

모퉁이우 라이프에서 처음으로 수셰프를 맡았을 때, 나는 진짜 하이엔드 서비스가 무엇인지를 배웠다. 하이엔드 서비스는 기술의 문제가 아니라, 미세한 차이를 끝까지 지켜내는 태도에서 완성된다. 예를 들어, 소스를 플레이팅할 때는 온도와 점도를 미리 계산해 접시 위에서 한 방울도 번지지 않도록 한다. 손끝의 힘을 최소화하고 표면장력을 이용해 흐름이 멈추는 그 고요한 순간, 셰프는 집중해서 소스를 얹는다.

접시를 테이블에 놓을 때도 마찬가지이다. 단순히 '놓는다'가 아니라, 진동이 전해지지 않게 손끝으로 무게를 흡수하며 안착시킨다. 그 조용한 동작 하나로 손님은 요리의 첫 인상을 받는다. 결국 하이엔드 서비스란, 눈에 보이지 않는 작은 배려들이 모여 만들어내는 신뢰의 형식이다.

완벽한 음식을 위해 최고급 식자재로 가장 완벽한 쿠킹 테크닉을 추구하며, 코스 요리 25만 원이라는 가격대에서 고객들이 기대하는 것이 무엇인지, 그 기대를 어떻게 충족시킬 수 있는지를 경험했다.

레스토랑 사장이 되려면 다양한 고객층을 이해해야 한다. 특히 프리미엄 시장에서는 단순히 맛있는 음식을 제공하는 것을 넘어서, 전체적인 경험을 설계해야 한다.

라이프에서 나는 좋은 와인을 다루는 법, 고급 식자재를 활용하는 법, 비싼 기계와 장비를 운용하는 법을 배웠다. 하지만 가장 중요했던 것은 하이엔드 고객들이 진정으로 원하는 것이 무엇인지를 파악하는 능력이었다. 예를 들어 왼손잡이 손님이 오셨다면 무엇이 필요할까? 왼손잡이에게 편한 커트러리 세팅으로 바꿔드리는 것부터 시작한다. 이렇게 손님이 요청하기 전에 손님에게 필요한 것을 먼저 해드리는 것이 서비스임을 배웠다. 그리고 손님들은 단순히 비싼 재료나 화려한 플레이팅이 아니라, 세심한 배려와 완벽한 서비스를 원한다는 것을 깨달았다

### 블록 5 | 매출과 고객 관리 - 503테이블에서

가장 파격적인 선택은 503테이블에서 매니저&소믈리에로 일한 것이었다. 요리사가 홀에서 일한다는 것은 이례적이었지만, 나에게는 반드시 필요한 경험이었다.

레스토랑 사장이 되려면 매출을 만드는 방법을 알아야 한다. 주방에서만 일하면 음식의 완성도에 집중하게 되지만, 실제 비즈니스에서는 고객과의 소통, 매출 증대, 서비스 흐름 관리가 더 중요할 때가 많다.

와인소믈리에 자격증을 따고, 와인 리스트를 기획하면서 나는 고객의 니즈를 정확히 파악하는 법을 배웠다. 고객이 처음 방문했다면 평소에 좋아하는 와인이 무엇인지, 어떤 가격대가 편하신지 여쭤보고 거기에 맞는 3가지 정도의 와인을 들고가서 설명하고 와인을 드린다. 그리고 재방문을 하시면 이전 와인을 기억했다가 그때 이 와인을 좋아하셨으니 이 와인도 좋아하실 거라고 말씀드리며 추천해드렸다. 이렇게 어떤 고객이 어떤 와인을 원하는지, 어떻게 제안해야 만족도가 높아지는지 몸으로 익혔다.

결과적으로 레스토랑 매출이 월 5천만 원에서 1억 원까지 증가했다. 와인을 많이 팔았기 때문이 아니라, 고객 한 명 한 명의 만족도를 높여 재방문율을 늘리고, 입소문을 통한 신규 고객을 유치했기 때문이다.

이때 나는 레스토랑에서 매출을 늘리는 진짜 방법이 무엇인지를 깨달았다. 단순히 가격을 올리거나 메뉴를 늘리는 것이 아니라, 고객 한 명당 만족도를 극대화해서 객단가와 재방문율을 동시에 높이는 것이다.

### 블록 6 | 신규 매장을 어떻게 알릴 수 있을까 - 사테에서

10년지기 친구가 오픈한 신규 매장인 사테에서도 일했다. 인지도가 아예 없는 신규 매장이라 매장 홍보 자체가 어려웠다. 오픈 첫날 손님이 한 명도 없었다. 정갈한 접시에 정성스레 플레이팅했던 도넛과 홍합 피클을 송당송당 잘라 조각을 내고 한손으로 집어먹기 편하게 만들었다. 그리고 지나가는 사람들에게 전단지 나눠주듯 음식을 나눠주었다.

길거리로 나선 순간 부끄러웠지만, 그날 사태의 첫 손님이자 평생의 손님을 만들었다. 그날 저녁 매장에 들어오신 첫 손님께 정말 최선을 다해 서비스를 했다. 그 손님은 그날의 경험을 잊지 않으셨고, 지금까지도 서로 연락하며 레스토랑에 자주 오시는 단골손님이 되었다.

그리고 지인인 인플루언서들을 초대해 매장을 홍보하고, 달마다 와인 수입사와 함께 팝업을 열어 시음회를 열며 와인을 즐기는 소비자들에게 가게를 알려 나갔다. 또 비슷한 업종의 와인바와 콜라보 팝업도 하여 서로의 손님들을 공유해 매출을 끌어올릴 수 있었다.

### 블록 7 | 레스토랑 설계를 처음부터 끝까지 - 아스트랄에서

로데오 거리의 아스트랄이라는 가게를 통해 부동산 임장부터 인테리어, 주방 집기, 동선, 기물 구입과 배치 등 매장 오픈의 처음부터 끝까지 맡아서 일을 하게 되었다. 처음으로 레스토랑 도면 제작에 참여하여 어떤 기물들을 어디에 배치할지, 일하는 사람들의 동선을 최소한으로 만들어 어떻게 근무 강도를 줄일지, 입구를 통해 들어오는 손님들께 어떤 동선으로 레스토랑을 보이게 할지, 헤드 셰프로서 레스토랑의 모든 과정의 일을 기획하고 집행하면서 실력을 쌓을 수 있었다.

### 완성된 블록 - 로기

로기를 오픈했을 때, 나는 정말로 준비가 되어 있었다. 요리 기술, 재료에 대한 이해, 하이엔드 서비스, 와인 큐레이션, 고객 관리, 매출 증대 전략까지. 레스토랑 운영에 필요한 모든 영역에서 실전 경험을 쌓아왔기 때문이다. 무섭거나 힘들다고 생각하지 않았다. 내가 할 일을 모두 해봤고, 문제가 생기면 어떻게 해결할 지 알고 있었기 때문이다. 나는 힘들었던 나날들, 그렇게 쌓아 올린 나의 경험을 믿었다.

요리만 잘한다고 해서 좋은 레스토랑을 만들 수 있는 것은 아닐 것이다. 비즈니스 감각, 품질에 대한 철학, 재료에 대한 이해, 서비스 마인드, 고객 관리 능력까지. 이 모든 것들이 조화롭게 어우러져야 비로소 성공하는 레스토랑이 된다.

레고 블록을 쌓듯 하나씩 경험한 일들이 실상은 나의 준비였고, 이 경험이 로기를 만든 진짜 비결이다.

**에필로그**

# 결국 마인드셋이 모든 것을 좌우한다

내가 셰프의 꿈을 꾼 것은 에드워드 권의 〈일곱개의 별을 요리하다〉(북하우스, 2008)라는 책을 읽으면서부터였다. 고등학교 2학년 봄, 문제집을 사러 갔던 동네 서점에서 우연히 손에 잡힌 이 책은 무색무취의 평범한 소년이었던 나에게 불꽃같은 열망을 심어주었다.

책장을 넘기는 순간부터 나는 완전히 다른 세계로 빨려 들어갔다. 마치 에드워드 권 셰프가 된 것처럼 그가 걸어왔던 모든 발자취를 생생하게 그리게 되었다. 처음 요리의 세계에 발을 들이게 된 이야기, 치열한 요리 대회를 위해 밤낮으로 준비했던 과정, 5성급 호텔의 문턱을 넘어 정직원이 되기까지의 고군분투, 그리고 두바이와 미국 등 세계 각지의 유명 레스토랑을 거치며 진정한 셰프로 성장해가는 여정까지.

특히 그가 실패를 거듭하면서도 포기하지 않고 자신만의 요리 철학을 완성해 나가는 과정은 내 가슴 깊은 곳을 울렸다. 요리는 단순히 음식을 만드는 기술이 아니라 자신의 모든 것을 담아내는 예술이라는 그의 말이 마음에 깊이 새겨졌다. 책을 다 읽은 후에도 며칠이 지나도록 그 내용은 내 머릿속을 떠나지 않았다. 마치 소중한 보물을 발견한 것처럼 나는 그 책을 손에서 놓지 못하고 반복해서 읽었다. 그때부터 지금까지 내 꿈은 변함이 없다. 한국을 대표하는 최고의 셰프가 되겠다는 것.

하지만 현실은 녹록지 않았다. 주변에서는 "요리를 해서는 돈 벌기 힘들다."며 걱정했다. 부모님은 "안정적인 직장을 가져라."며 만류하셨고, 친구들은 "너같이 평범한 애가 무슨 셰프냐."며 비웃기도 했다. 하지만 최고의 셰프가 되고자 하는 열망 하나로 오늘까지 쉼 없이 달려왔다.

요리학교 진학부터 시작된 여정은 예상했던 것보다 훨씬 험난했다. 새벽 4시에 일어나 재료 손질을 시작해 밤 11시가 넘도록 설거지와 주방 정리를 해야 끝나는 하루 일과는 말 그대로 전투였다. 호주에서 취업에 성공하기까지 언어의 장벽과 문화적 차이로 인해 수없이 좌절했지만, 그때마다 에드워드 권 셰프의 모습을 떠올리며 다시 일어섰다. 국내 유명 레스토랑에서의 수련 과정과 지금의 로기를 열기까지, 가슴 뛰고 뜨거운 날들이었지만 숱하게 어렵고 힘든 나날이기도 했다.

요리를 하는 일은 육체적으로 힘들고 고단하다. 뜨거운 불 앞에서 하루 종일 서 있는 것만으로도 체력의 한계를 느끼게 된다. 게다가 요식업을 통해서 돈을 버는 것은 치열한 경쟁 속에서 두각을 나타내야 가능한 일이다. 맛있는 음식을 만드는 것은 기본이고, 고객 서비스, 원가 관리, 직원 관리까지 모든 것을 완벽하게 해내야 살아남을 수 있는 세계이다.

나는 매 순간 나 자신을 단련하기 위해서 수련을 한다는 생각으로 일을 해 왔다. 남들이 몸을 사릴 때 나서서 하나라도 더 일하고, 귀찮고 힘들어도 마음을 추스려 일터로 나갔다.

좌절하고 싶어도 좌절할 수 없었다. 지방에서 올라와 자취를 하면 아무것도 안 해도 비용이 든다. 부모님 집에서 사는 서울 사람들은 이해하기 힘들 것이다. 숨만 쉬고 있어도 월세가 나가고, 단순히 먹고 씻기만 해도 쌀값, 반찬값, 전기값, 수도값, 가스값이 든다. 시간이 째깍째깍 흐르면, 갖고 있던 얼마 안 되는 돈도 야금야금 부서져간다. 넉넉치 못한 환경의 사람이라면 게으르게 살고 싶어도 그리 살 수 없는 현실적인 문제들에 공감할 것이다. 좌절 비용이 없어서 나는 좌절할 수가 없었다.

이런 상황에서 내가 선택한 것은 긍정 마인드였다. 에드워드 권 셰프가 그랬듯, 그리고 내가 보아왔던 수많은 유명한 사람들이 그랬듯, 나의 가능성에 한계를 지으려 하지 않고 더 큰물로 뻗어나가고자 노력했다. "그건 불가능하다."라는 말 대신 "어떻게 하면 가능할까?"라고 질문하기 시작했다. 그 결과 요리학교에서 주니어대표로 선발되어 교환학생 자격으로 호주에 갈 수 있었고, 호주에서도 손꼽는 유명 음식점에서 일하는 기회를 얻을 수 있었으며, 한국에 돌아와서도 우리나라에서 내로라하는 셰프들 밑에서 일하며 음식과 경영을 모두 배울 수 있었다.

월급을 받는 셰프로 만족하지 않고 내 가게를 직접 오픈한 것도 마찬가지였다. 내 능력을 시간 대비 비용으로 한정짓고 싶지 않았다. 내가 뻗어나갈 가능성을 더 넓히고 싶었다. 그래서 우리나라에서 가장 부유한 사람들이 산다는 한남동 노른자 땅 위에 가게를 오픈할 용기도 낼 수 있었다. 많은 사람들이 무모하다고 했지만, 나는 그것을 도전이라고 했다.

감사하게도 지금까지 오면서 수많은 좋은 분들의 도움을 받아서 지금까지 올 수 있었고, 앞으로도 나의 여정은 계속될 것이다. 누구든 자신의 세계에 한계를 두지 않는다면 무한하게 성장할 수 있다고 믿는다. 그러므로 내가 하는 말에 항상 긍정의 옷을 입히자. 말에는 힘이 있기 때문이다. "힘들다."는 말 대신 "성장하고 있다."고 하고, "불가능하다."는 말 대신 "아직 방법을 찾지 못했을 뿐."이라고 하자.

나도 언젠가 에드워드 권 셰프처럼 여유로운 미소를 지어 보일 날이 있으리라 꿈꾼다. 그 미소 뒤에는 수많은 도전과 성장의 이야기가 담겨 있을 것이다.

여러분의 성장을 기원한다.